シニアのための健康ひとり分ごはん

料理研究家・管理栄養士
藤井 恵

マイナビ

はじめに

一日三食、おいしく楽しく食べていますか？
ひとり分だとつい面倒になって、外食ですませてしまったり、
自分の好きなものばかりで偏った食事になっていないでしょうか？

本書では料理を作りなれたシニアの人にも、はじめて挑戦する人にも
「簡単でおいしい！」と思っていただける料理をご紹介します。
ずっと元気に過ごせるように、レシピは食べやすくて
消化もよく、塩分は控えめに、バランスに配慮して考えました。
簡単にできる2品の献立や、お昼に便利な一皿ごはん、
作りやすい定番おかずや、まとめて作っていろいろな料理に使える
作りおきおかずなど、シニアの皆さんの食卓を豊かにしてくれるメニューばかりです。

毎日のことだから決して無理せず、たまには手抜きもして気楽に作ってみてください。
シニアのみなさんが「おいしい」「次はこれを作ろうかな」と思い、
食事の時間が楽しみになるお手伝いができれば幸いです。
そして、いつもの何気ないごはんが
日々の健康につながることを実感していただけたらと願っています。

藤井 恵

目　次

はじめに……2
シニアごはんのポイント……6

第1章　栄養バランス満点の 毎日の献立

朝ごはん①ふんわりやさしい卵献立……10
● ブロッコリーとツナの卵とじ
● もずくと長いものみそ汁

朝ごはん②焼き魚の和食献立……12
● あじの干物のごま焼き
● ほうれん草とえのきのおひたし

朝ごはん③モーニング風献立……14
● 卵とハムのココット蒸し
● ベビーリーフとミニトマトのサラダ

昼ごはん①根菜たっぷり献立……16
● けんちん汁
● めかぶ納豆

昼ごはん②具だくさんスープ献立……18
● ミネストローネ
● チーズトースト
● フルーツヨーグルト

昼ごはん③さっぱり中華スープ献立……20
● 酸辣湯（サンラータン）
● ザーサイごはん

夕ごはん①やわらかお肉献立……22
● 肉豆腐
● わかめときゅうりの酢の物

夕ごはん②ほっと落ち着く和食献立……24
● さばの漬け焼き
● 小松菜のナムル

夕ごはん③色鮮やかな中華献立……26
● 青椒肉絲（チンジャオロースー）
● トマトと卵のスープ

夕ごはん④あったか鍋献立……28
● 油揚げと水菜の鍋
● りんごとキウイのおろしあえ

第2章　料理も後片づけもラクラク 一皿ごはん

チャーハン……32
牛丼……34
とろろごはん……35
ビビンバ……36
そぼろごはん……38
まぐろ漬け丼……39
親子丼……40
ツナ、しらたき、梅干しの混ぜごはん……41
ゆで大豆、桜えび、刻み昆布のごはん……42
みそとろろそば……43
ミルクカレーうどん……44
焼きそば……46
卵とじうどん……47
月見なめこおろしそば……48
鶏南蛮そば……49
キャベツとツナのスパゲティ……50

第3章 主菜、副菜がすぐできる 簡単おかず

炒り豆腐……54
たっぷりわかめと金目鯛の煮つけ……55
ポン酢豚……56
煮やっこ……57
きのこと鶏肉のごまみそ蒸し……58
さばのごましそ焼き……59
豆腐のチャンプルー……60
いわしのブイヤベース……61
なすの肉巻き蒸し……62
もやしと豚肉の梅蒸し……63
かじきの沢煮……64
鮭、わかめ、キャベツ、じゃがいものバター蒸し……65
キャベツと豚肉の重ね蒸し……66
牛肉のすき煮……67
塩肉豆腐……68
ブロッコリーのだしびたし……69
ほうれん草、にんじんのナムル……70
きゅうりと青じその塩もみ……71
にんじんとパセリのサラダ……72
小松菜と梅干しの煮びたし……73
セロリ、にんじんの塩もみ……74
わかめのだしびたし……75
ブロッコリーとかぶのホットサラダ……76
大根とごまの塩もみ……77

第4章 アレンジ自在な 作りおきおかず

さば缶と大豆缶のカレー煮……80
　野菜炒め……82
　卵とじ……83
ひじきの梅風味煮……84
　豆腐のせ……86
　かぶ煮……87
高野豆腐と根菜のそぼろ……88
　そぼろのせうどん……90
　キャベツのあえもの……91

コラム1
塩分と上手に付き合うための基礎知識……30

コラム2
あと一品ほしいときの手作り万能ソース……52
にんじんソース／ゆで大豆と塩昆布ソース

コラム3
手軽でおいしいドリンクレシピ……78
ほうじ茶豆乳／りんご甘酒

食材別索引……92

【この本の表記について】
* レシピは1人分または作りやすい分量です。
* エネルギー、塩分は1食分（汁のある麺類、だしびたしなどは汁を残した可食分）で計算しています。
* 使用している計量カップは1カップ=200ml、計量スプーンは大さじ1=15ml、小さじ1=5mlです。
* 電子レンジの調理時間は600Wのものです。700Wの場合は0.8倍、500Wの場合は1.2倍にして調整してください。また、機種や材料の個体差により加熱時間が異なることがありますので、様子をみながら調整してください。
* 使用しているフライパンは直径16～20cm、鍋は直径18cmです。
* 調味料で特に指定がない場合は、酢は米酢、しょうゆは濃口しょうゆ、みそは赤みそ、砂糖は上白糖を使っています。こしょうは白こしょう、黒こしょうをお好みでお使いください。
* だし汁はかつおだしを使用しています。
* 卵はMサイズを使用しています。

シニアごはんのポイント

年を重ねたシニア世代が元気に過ごすためにも、この機会に食生活を見直してみましょう。
ここでは、知っておきたいシニアごはんの秘訣とポイントを紹介します。

Point 1 ひとり分について考える

食生活も切り替えましょう

子どもの独立とともに部屋が空いたり、退職によって起床時間が変わるなど、人生のステージに合わせて暮らし方や時間の使い方は変わっていくもの。食生活も同じで、自分ひとりだけの食事を作ることが多くなったら、食材や献立、食事量などを見直してみましょう。単純に今までの量を減らすだけではなく、ひとり分をおいしく作るコツを知ると食材のムダがなくなる、短時間で作れるなど、食事の準備もラクになります。

献立作りは2品を目安に考えましょう

昔からバランスのよい食事として「一汁三菜」といわれますが、毎食作るのはけっこう大変です。品数は多ければよいというわけでもありません。数が増えれば自然とカロリーや塩分が増えてしまう、という落とし穴も……。そこでおすすめなのが、2品献立。品数は少なくても栄養のバランスがよければ、それで充分。がんばり過ぎないのも毎日続けるための大切なポイントです。

ひとり分に合わせた道具を使いましょう

調理道具はずっと同じものを使っているという人も多いと思います。しかし、ひとり分の料理で4～5人用の大鍋を使うと、水分の蒸発が早く、煮物などは味が染み込まず失敗しやすくなります。道具は作る量に合わせたサイズを選びましょう。また、ひとり分の料理には電子レンジ調理もおすすめ。短時間で調理できて簡単なうえ、加熱に弱いビタミンCが壊れにくく、火も使わないので安心です。ぜひ活用しましょう。

Point 2　食事を楽しむ工夫を

おいしく楽しく食べましょう

家族のための料理から自分のための料理に変化するのもシニアごはんの特徴です。ひとりだからと適当にすませるのではなく、自分の食べたいものを好きなときに作って食べられる、そんな自由を楽しみましょう。栄養バランスのよい食事をとるのも大切ですが、楽しんで食べることも同じくらい大切です。おいしく食べることが毎日のリズムを作り、いきいきと過ごす活力につながります。

料理は彩りよく仕上げましょう

ひとり分の料理で、ついおろそかにしがちなのが彩り。汁物の仕上げに青菜を散らしたり、つけあわせに野菜を添えるなど、見た目も意識して料理するとよいでしょう。白米も雑穀米や黒米を混ぜて炊くと色がついて、いつもと気分を変えられます。彩りを加えると自然と栄養バランスがよくなるだけでなく、食卓が華やいで食欲もアップ。目にもおいしい料理を心がけてみてください。

ひとつの食材を工夫して調理しましょう

自分で食事を作っていると、献立がマンネリになりがちです。だからといって、毎日食材を替えながら無理してがんばる必要はありません。同じ食材でも組み合わせや調理法を変えて工夫してみましょう。たとえば、もずくは酢の物と決めつけず、みそ汁に入れてみたり、天ぷらにしたりすると、いつもと違ったおいしさに出会え、献立のバリエーションも広がります。

Point 3　シニアごはんの健康ポイント

一日を通しての栄養バランスを考えましょう

毎日の食事が健康につながるからこそ、栄養のバランスに気をつけたいもの。とはいえ、毎回カロリーや塩分量を確認するのは大変です。一日3回の食事で自然と全体のバランスがとれるように調整できるのが理想です。だからこそ外食ばかりに頼らず、自分で料理することで食事内容を意識し、日々の健康管理に役立てましょう。

塩分を控え、たんぱく質、食物繊維を積極的にとりましょう

年齢にかかわらず、塩分のとり過ぎは高血圧を招き、生活習慣病の原因になります。しょうゆ、みそなどの調味料、漬物、うどんやそばなど麺類の汁にも、塩分は意外と多く含まれています。また、外食や市販の惣菜も味つけが濃いめなので要注意。特にシニアの方は普段から塩分のとり過ぎに気をつけ、たんぱく質や食物繊維の多い食事を心がけてください。

食材は食べやすく調理しましょう

シニアになると、どうしても硬いものが食べにくかったり、飲み込みにくくなるなど体の変化があらわれます。食べるときにストレスを感じないよう、硬い食材はゆっくりと火を通してやわらかくする、肉は薄切り肉を選ぶ、野菜は繊維を断ち切るように切る、片栗粉でとろみをつけるなど、調理時に食べやすく工夫するとよいでしょう。適度な噛みごたえを残すと満腹感があり、食べ過ぎも予防できます。

第1章
栄養バランス満点の毎日の献立

朝、昼、晩のシーンに合わせたおすすめの献立です。
具だくさんスープとごはんや、主菜と副菜が1品ずつとシンプルな献立ですが、
2品でも栄養がちゃんととれて
お腹も満足の簡単レシピがいっぱいです。
手軽に作れてシニアにとってちょうどよい量がとれる
2品献立をぜひ作ってみてください。

朝ごはん①

ふんわりやさしい卵献立

1人分
486kcal
塩分**2.1g**

おかずと汁物の2品ですが、卵、野菜、いも、魚、海藻がとれるバランスのよい献立です。もずくは酢の物だけでなく、みそ汁に入れてものどごしがよく、おいしくいただけるので試してみてください。

ブロッコリーとツナの卵とじ

もずくと長いものみそ汁

ブロッコリーとツナの卵とじ

1人分 ▶ 146 kcal　塩分 1.1g

ビタミンCが豊富なブロッコリーは食感が残るように短時間で火を通すのがコツです。
ツナ缶は汁気を切ってカロリーカットを。

●材料（1人分）

- ブロッコリー…3房
- たまねぎ…1/4個
- ツナ（水煮缶）…小1/2缶
- A
  - だし汁…1/4カップ
  - 塩…少々
  - しょうゆ…小さじ1/2
  - みりん…小さじ1
- 卵…1個

●作り方

1. ブロッコリーは小房に分け、たまねぎは繊維を断ち切るように薄切りにする。
2. フライパンにA、1のブロッコリーと、たまねぎ、汁気をきったツナを入れ、ふたをして強火で熱し、煮立ったら中火にして2分くらい煮る。
3. ボウルに卵を溶きほぐし、フライパンに回し入れて煮立ったら火を止める。ふたをして好みの硬さに火を通す。

もずくと長いものみそ汁

1人分 ▶ 88 kcal　塩分 1.0g

もずくと長いもの粘り気でとろみを加えた、飲みやすいみそ汁です。
万能ねぎの緑が鮮やかでおいしさを引き立てます。

●材料（1人分）

- 長いも…5cm
- もずく…50g
- だし汁…3/4カップ
- みそ…小さじ1
- 万能ねぎ（小口切り）…少々

●作り方

1. 長いもは1cm幅の半月切りにする。
2. 鍋にだし汁と1の長いもを入れ、強火で煮立てる。煮立ったら中火にして2～3分煮る。みそを溶き入れ、もずくを加えて煮立つ直前で火を止める。
3. 器に注ぎ、万能ねぎを散らす。

温かいごはん　150g　1人分 ▶ 252 kcal　塩分 0g

献立 朝ごはん

朝ごはん②

焼き魚の和食献立

朝ごはんの定番ともいえるあじの干物ですが、たっぷりのごまをふると香ばしさや栄養が増して一味違うおいしさです。副菜にはさっぱりとしたおひたしを添えて、和食のよさを楽しめる滋味あふれる献立です。

1人分
509kcal
塩分 **2.6g**

ほうれん草と
えのきのおひたし

あじの干物のごま焼き

あじの干物のごま焼き

1人分 ▶ 218kcal　塩分 1.7g

あじの干物はごまをたっぷりつけて焼くので香ばしさと風味がアップし、
しょうゆをかけなくてもOK。減塩に効果的です。

献立 朝ごはん

● 材料（1人分）

あじの干物…1尾
A［小麦粉…小さじ1/2
　 水…小さじ1/2］
いりごま（白、黒）…各小さじ1
大根おろし…1/4カップ

● 作り方

1　あじの干物の身側に混ぜ合わせたAをぬり、ごまをつける。

2　両面焼きグリルの焼き網にごまをつけた面を上にしておき、中火から弱火で7～8分焼く。片面焼きの場合は、皮目を上にして焼き、裏返してAをぬり、ごまをつけて焼く。

3　皿に盛りつけ、大根おろしを添える。

ほうれん草とえのきのおひたし

1人分 ▶ 39kcal　塩分 0.9g

ほうれん草に下味をつけてから全体をあえると
だししょうゆが少量ですむので、塩分を抑えられます。

● 材料（1人分）

えのきだけ…1/2袋
ほうれん草…100g
A［だし汁…大さじ2
　 しょうゆ…小さじ1］

● 作り方

1　えのきは根元を切り、半分の長さに切ってほぐす。

2　鍋に湯を沸かし、塩少々（分量外）を加え、1のえのきをゆでてザルにあげ、同じ湯でほうれん草をゆでて水にとり、水気をしぼって4cm長さに切る。

3　2のほうれん草にAを半量まぶして軽くしぼる。残りのAにほうれん草、2のえのきを加えてあえる。

温かい麦ごはん　150g　1人分 ▶ 252kcal　塩分 0g

モーニング風献立

1人分 **373**kcal 塩分 **1.8**g

洋風朝ごはんの代表、モーニングといえば卵とパンとサラダ。
目玉焼きやスクランブルエッグに飽きたら、
フライパンで蒸すだけでできるココットがおすすめです。
とろりととろける卵の黄身はパンにつけてもおいしくいただけます。

ベビーリーフと
ミニトマトのサラダ

卵とハムの
ココット蒸し

卵とハムのココット蒸し

1人分 ▶ 132 kcal　塩分 0.9g

簡単に豆の栄養がとれるグリンピースは冷凍のものを常備しておくと
普段の食事作りに手軽に取り入れられます。

● 材料（1人分）
- ハム（薄切り）…2枚
- グリンピース（冷凍）…大さじ2
- 卵…1個
- 塩…少々

● 作り方

1 ハムは4等分に切ってココット皿に入れる。グリンピースを凍ったまま加え、卵を割り入れる。

2 フライパンに1のココット皿を入れ、地獄蒸しにする。仕上げに塩をふる。

器の高さの半分くらいまで水を注いで強火で熱し、湯が煮立ったら中火にしてふたをし、2～3分蒸す。こうすると黄身がとろりと仕上がる。

献立　朝ごはん

ベビーリーフとミニトマトのサラダ

1人分 ▶ 51 kcal　塩分 0.2g

市販のドレッシングを使わず、混ぜるだけの簡単手作りドレッシングで塩分をカット。
サラダをよりヘルシーにいただけます。

● 材料（1人分）
- ベビーリーフ…50g
- ミニトマト…4個
- A
  - オリーブオイル…小さじ1/2
  - 塩、こしょう…各少々
  - 白ワインビネガー…小さじ1/2
  - にんにく（すりおろす）…少々

● 作り方

1 ミニトマトを半分に切ってボウルに入れ、ベビーリーフを加える。

2 1のボウルにAをオリーブオイル、塩、こしょう、白ワインビネガー、にんにくの順に加え、そのつどよく混ぜ合わせる。

バターロール　2個　1人分 ▶ 190 kcal　塩分 0.7g

昼ごはん①
根菜たっぷり献立

1人分
452kcal
塩分**2.2**g

おなじみの根菜を使ったけんちん汁が主役の献立です。
根菜類は薄切りにすると短時間でもやわらかく煮えます。
白いごはんがすすむ納豆を副菜にすれば、
栄養バランスがよくお腹も満足の献立になります。

めかぶ納豆

けんちん汁

けんちん汁

1人分 ▶ **94 kcal** 塩分 **1.5g**

豆腐は水気をきってごま油で炒めると、適度に弾力のある食感と風味が楽しめます。
作りおきにもおすすめの汁物です。

●材料（2人分）
- 大根…3cm
- にんじん…1/5本
- ごぼう…1/5本
- 大根の葉（小口切り）…適量
- 木綿豆腐…1/3丁（100g）
- ごま油…小さじ1
- だし汁…2カップ
- A [しょうゆ…小さじ1
     みりん…小さじ1
     塩…小さじ1/3]

●作り方
1. 大根、にんじんはいちょう切り、ごぼうは斜め薄切りにする。豆腐はふきんで包み、手のひらにのせ、もう片方の手で押して水気をきる。
2. 鍋にごま油を中火で熱し、1の豆腐をヘラでほぐしながら炒め、薄く焼き色がついたら大根、にんじん、ごぼうを炒めてだし汁を加える。
3. 煮立ったらアクを取り、ふたをして10分くらい煮てAを加え、味を調える。器に盛り、ゆでた大根の葉を散らす。

めかぶ納豆

1人分 ▶ **106 kcal** 塩分 **0.7g**

納豆とめかぶのとろみがごはんによく合います。
別々に食べるよりも調味料が減らせるので減塩効果もあります。

●材料（1人分）
- めかぶ…1パック
- 納豆（小）…1パック
- A [だし汁…大さじ1
     しょうゆ…小さじ1/2]
- すりごま（白）…小さじ1

●作り方
1. 器にめかぶと納豆を入れ、混ぜ合わせたAをかけ、すりごまをふる。

温かいごはん　150g　　1人分 ▶ **252 kcal** 塩分 **0g**

昼ごはん②

具だくさんスープ献立

1人分
577kcal
塩分**3.0**g

たっぷりの野菜を使ったおかずスープなら、
これだけで栄養もボリュームも満足のいく一皿に。
煮ている間にチーズトーストとフルーツヨーグルトの準備をすれば、
スープのでき上がりといっしょに献立が揃います。

フルーツヨーグルト

ミネストローネ

チーズトースト

ミネストローネ

1人分 ▶ 186 kcal　塩分 1.6g

野菜は余りものを使ってもOK。大豆を加えるとボリューム感が出て
食べごたえのあるスープになります。

●材料（1人分）

たまねぎ…1/4個
にんじん…1/4本
セロリ…1/4本
トマト…1個
大豆（水煮缶）…50g
オリーブオイル…小さじ1
水…1と1/2カップ
A［塩…小さじ1/4
　　こしょう…少々
ドライパセリ…少々

●作り方

1　たまねぎ、にんじん、セロリ、トマトは1cmの角切りにする。

2　鍋にオリーブオイルを中火で熱し、1のたまねぎ、にんじん、セロリを炒める。全体に油が回って野菜から水分が出てきたら、トマトを加えて1～2分炒める。

3　大豆と水を加え、10～15分煮る。Aを加えて2～3分煮る。器に盛り、ドライパセリをふる。

チーズトースト

1人分 ▶ 200 kcal　塩分 1.2g

とろりととろけたチーズとカリッと焼けたパンの香ばしさがよく合います。
焼き立てを味わいたい一品。

●材料（1人分）

食パン（8枚切り）…1枚
ピザ用シュレッドチーズ…20g

●作り方

1　パンにチーズをのせ、オーブントースターでチーズがとけるまで焼く。

フルーツヨーグルト

1人分 ▶ 191 kcal　塩分 0.2g

塩分を排出してくれるキウイと、ビタミンCの多いいちごを
ヨーグルトといっしょにいただきます。

●材料（1人分）

いちご…4個
キウイフルーツ…1/2個
ヨーグルト（プレーン）…200g
はちみつ…小さじ1

●作り方

1　いちごは縦4等分に切り、キウイは1cm厚さのいちょう切りにする。

2　器にヨーグルトを入れ、1のいちご、キウイをのせ、はちみつをかける。

献立　昼ごはん

昼ごはん③
さっぱり中華スープ献立

1人分
508kcal
塩分 2.2g

手軽な材料でぱぱっとできる中華メニューです。
酸味と辛味がアクセントになった酸辣湯(サンラータン)と
具をのせるだけのザーサイごはん。ときにはパンチの利いた
味つけで毎日の食事に変化をつけるのも大切です。

ザーサイごはん

酸辣湯(サンラータン)

酸辣湯（サンラータン）

1人分 ▶ 252 kcal　塩分 1.5g

酢の酸味とラー油の辛味がバランスよく合ったとろみのあるスープです。
鶏肉に下味をつけると淡白なささみに旨みが増します。

● 材料（1人分）

- 鶏ささみ肉…1本
- A［塩…少々
　　 酒、片栗粉…各小さじ1/2］
- 生しいたけ…3枚
- ゆでたけのこ（小）…1/2本
- 卵…1個
- しょうが（すりおろす）…1かけ分
- 水…1と1/2カップ
- 塩…少々
- 酒…大さじ1
- しょうゆ…小さじ1
- 酢…大さじ1
- ごま油、ラー油…各小さじ1/2
- 水溶き片栗粉
　［片栗粉…大さじ1/2
　　水…大さじ1］
- 三つ葉（ざく切り）…少々

● 作り方

1. 鶏肉はせん切りにしてAをもみ込む。生しいたけは薄切り、ゆでたけのこはせん切りにする。

2. 鍋に水、しょうが、1の鶏肉を入れて強火で熱し、ほぐしながら煮立てる。煮立ったら中火にし、アクを取る。

3. 1の生しいたけ、たけのこ、塩、酒を加えて2〜3分煮る。しょうゆ、酢、ごま油、ラー油を加えて味を調え、水溶き片栗粉を加えてとろみをつけ、卵を溶いて回し入れて火を止める。器に盛りつけ、三つ葉を散らす。

卵は白身を切るようによくかき混ぜ、鍋に回し入れる。ふんわり浮いたら火を止め、菜箸で軽くかき混ぜる。

ザーサイごはん

1人分 ▶ 256 kcal　塩分 0.7g

味つきザーサイの塩分が気になるときは、水で下洗いをしてから使うとよいでしょう。
万能ねぎと合わせてさっぱりといただきます。

● 材料（1人分）

- 味つきザーサイ…5g
- 万能ねぎ…3本
- 温かい胚芽米…150g
- すりごま…適量

● 作り方

1. ザーサイは細切りにし、万能ねぎは斜め薄切りにする。ボウルに入れてよく混ぜ合わせる。

2. 温かいごはんに1のザーサイとねぎをのせ、お好みですりごまをふる。

夕ごはん①

やわらかお肉献立

1人分
629kcal
塩分 **2.3g**

シニア世代も良質のたんぱく質をとるために、肉を食べたほうがよいといわれています。そこでおすすめなのが肉豆腐。薄切り肉を使うので食べやすくて調理もしやすく、ボリュームも出てちょっとしたごちそうになります。

わかめときゅうりの
酢の物

肉豆腐

肉豆腐

1人分 ▶ 324kcal 塩分 1.4g

牛肉の中でも手ごろな価格の切り落とし肉は、肉を切る手間もかからず、そのまま調理ができるのでおすすめです。

献立 夕ごはん

● 材料（1人分）

- 木綿豆腐…1/2丁（150g）
- 牛肉（切り落とし）…70g
- たまねぎ…1/4個
- にんじん…1/4本
- アスパラガス…2本
- A ┌ 水…1/3カップ
    │ 酒…大さじ2
    │ しょうゆ…大さじ1/2
    └ 砂糖…大さじ1/2

● 作り方

1. 豆腐はひと口大に切る。たまねぎは5mm幅のくし形切り、にんじんは短冊切り、アスパラガスは2cm幅の斜め切りにする。

2. フライパンにAを入れて強火で熱し、煮立ったら中火にして牛肉を広げながら入れる。アクを取り、1の豆腐、たまねぎ、にんじん、アスパラガスを加えて3〜4分煮る。

わかめときゅうりの酢の物

1人分 ▶ 53kcal 塩分 0.9g

コクのある肉豆腐の箸休めにぴったりなのが酢の物。
相性のよいわかめときゅうりに大根、青じそを加えてたっぷりと。

● 材料（1人分）

- わかめ（塩蔵）…20g
- きゅうり…1/2本
- 大根…3cm
- 塩…少々
- A ┌ 酢…大さじ1
    │ だし汁…大さじ2
    │ 砂糖…小さじ1/2
    └ しょうゆ、みりん…各小さじ1/2
- 青じそ…2枚

● 作り方

1. わかめは洗って5分くらい水につけて塩を抜き、ひと口大に切る。きゅうりと大根は3cm長さの短冊切りにし、塩をふってしんなりしたら水気をしぼる。

2. ボウルにAを入れてよく混ぜ、1のわかめ、きゅうり、大根を加えてよくあえる。

3. 器に盛り、せん切りにした青じそをのせる。

温かいごはん　150g　1人分 ▶ 252kcal 塩分 0g

夕ごはん②

ほっと落ち着く和食献立

1人分
481kcal
塩分**2.2g**

脳を活性化してくれるDHAが豊富な青魚を
ほんのり香るレモンでさわやかにいただきます。
漬けおいて食べる前に焼くだけなので、手間もかかりません。
彩りのよいナムルと雑穀米を添えればヘルシーな献立に。

さばの漬け焼き

小松菜のナムル

さばの漬け焼き

1人分 ▶ 159kcal 塩分 1.2g

レモンの香りがさわやかでさばの臭みを消してくれます。
皮が焦げやすいので弱火でじっくり焼きましょう。

●材料（1人分）

さば（切り身）…1切れ
A［しょうゆ…小さじ1
　　酒…小さじ1/2
　　みりん…小さじ1/2］
レモン（輪切り）…2枚

●作り方

1. 保存容器にラップをしき、さばにAをからめる。レモンの輪切りをさばの上下に1枚ずつ置いてラップでくるむ。冷蔵庫に入れ、1時間以上漬ける。

2. 熱した両面焼きグリルに1のさばを入れ、弱火から中火で7～8分こんがり焼く。

3. 器に盛り、甘酢しょうが（分量外）を添える。

魚を漬けるときはラップでくるむと漬け汁が少なくでき、短時間でしっかりと味をなじませることができる。

小松菜のナムル

1人分 ▶ 68kcal 塩分 1.0g

小松菜の緑とパプリカの黄色が色鮮やかな副菜です。
小松菜の水分をしっかりしぼると味がよくなじみます。

●材料（1人分）

小松菜…100g
パプリカ（黄）…1/2個
A［塩…小さじ1/5
　　いりごま（白）…小さじ1
　　ごま油…小さじ1/2］

●作り方

1. 小松菜は3cm長さに切り、ゆでてザルにあげ、粗熱がとれたら水気をしぼる。パプリカはせん切りにする。

2. ボウルにAを入れ、1の小松菜とパプリカを加えてよくあえる。

温かい雑穀米　150g　　1人分 ▶ 254kcal 塩分 0g

夕ごはん③

色鮮やかな中華献立

おなじみの青椒肉絲（チンジャオロースー）も2色のピーマンで作ると
しゃれた一皿に仕上がります。トマトの酸味と卵のまろやかさが
よく合う中華スープを合わせれば、彩りのよい食卓に。
和食に飽きたら取り入れやすい中華がおすすめです。

1人分
613kcal
塩分**2.1g**

トマトと卵のスープ

青椒肉絲（チンジャオロースー）

青椒肉絲 (チンジャオロースー) 1人分 ▶ 255kcal 塩分1.6g

ピーマンは別に炒めてシャキッとした食感を出すのがポイントです。
ごはんにのせてもおいしくいただけます。

● 材料（1人分）

- ピーマン…2個
- 赤ピーマン…1個
- 長ねぎ…1/3本
- にんにく…1/2かけ
- 豚肉（薄切り）…80g
- A［しょうゆ、酒…各小さじ1/2
  　片栗粉…小さじ1/2］
- B［しょうゆ…小さじ1
  　砂糖…小さじ1/3
  　酒…小さじ1/3］
- 塩…少々
- サラダ油…小さじ1

● 作り方

1. ピーマンと赤ピーマンは縦半分に切り、繊維を断つように横向きに5mm幅に切る。長ねぎは斜め薄切りにし、にんにくは包丁の背でつぶす。豚肉は5mm幅に切り、**A**をよくもみ込む。

2. フライパンにサラダ油を小さじ1/2入れて強火で熱し、**1**のピーマンと赤ピーマンを入れる。塩をふって炒め、いったん取り出す。

3. 同じフライパンにサラダ油小さじ1/2を入れ、中火で**1**の長ねぎ、にんにくを炒めて香りが立ったら豚肉を加え、ほぐしながら炒める。火が通ったら**2**のピーマンと赤ピーマン、混ぜ合わせた**B**を加えて炒め合わせる。

トマトと卵のスープ 1人分 ▶ 106kcal 塩分0.5g

干しえびのだしが効いた中華スープです。
トマトは形を残して煮るのでそれぞれの素材の味を楽しめます。

● 材料（1人分）

- トマト（小）…1個
- 卵…1個
- A［干しえび…大さじ1
  　水…1カップ］
- 酒…小さじ1
- 塩…少々
- こしょう…少々

● 作り方

1. トマトはくし形切りにする。

2. 鍋に**A**を入れて弱火で熱し、煮立ったらアクを取る。中火にして**1**のトマト、酒、塩を加えて1～2分煮る。

3. 卵を溶きほぐして鍋に回し入れ、仕上げにこしょうをふる。

温かいごはん　150g　1人分 ▶ 252kcal 塩分0g

夕ごはん④
あったか鍋献立

簡単で洗い物も少ない鍋料理は、
ちょっと疲れて元気がないときの強い味方。
締めにうどんを入れれば主菜と主食がひと鍋でとれます。
副菜には、さっぱりと冷たいあえ物がよく合います。

1人分
559kcal
塩分 **3.6g**

りんごとキウイの
おろしあえ

油揚げと水菜の鍋

油揚げと水菜の鍋

1人分 ▶ 420kcal 塩分 2.6g

こんがりと焼いた油揚げの旨みがじゅわっと口に広がるやさしい味の鍋。
小さな土鍋はひとつあると重宝します。

●材料（1人分）

油揚げ…1枚
水菜…150g
だし汁…1と1/2カップ
A [しょうゆ…大さじ1/2
    みりん…大さじ1/2]
冷凍うどん…1玉
卵…1個

●作り方

1 油揚げはひと口大に切り、フライパンを中火で熱してこんがりと両面を焼く。水菜は3cm長さに切る。

2 土鍋にだし汁、Aを入れて強火で熱し、煮立ったら中火にし、1の油揚げを加えて5〜6分煮る。1の水菜を加えてひと煮立ちさせる。

鍋の締めには、うどんを加えて中火で熱し、煮立ったら卵を割り入れて好みの硬さに火を通す。

りんごとキウイのおろしあえ

1人分 ▶ 139kcal 塩分 1.0g

フルーツと酢の甘味、酸味がよく合う一品。
なますのような味わいですが、大根をおろすだけなので手軽に作れます。

●材料（1人分）

りんご…1/4個
キウイフルーツ…1個
大根おろし…80g
A [酢…大さじ1
    砂糖…小さじ2
    塩…小さじ1/5]

●作り方

1 りんごは皮付きのまま1.5cmの角切りに、キウイは1.5cmの角切りにする。

2 大根おろしの水気をしぼり、Aの材料と混ぜ合わせる。1のりんごとキウイを加え、さっくりとあえる。

コラム1

塩分と上手に付き合うための基礎知識

シニア世代に好まれる漬物や和食は意外と塩分が多いため、いつの間にか塩分をとり過ぎていることも少なくありません。病気の治療中でなければ厳しい制限をする必要はありませんが、塩分との上手な付き合い方を覚えて日々の食事作りに役立てましょう。

1 一日の塩分摂取量

厚生労働省が発表する一日当たりの摂取目標量は**成人男性が8.0g未満、女性が7.0g未満**。これを三食でバランスよくとるのが基本ですが、**高血圧や生活習慣病が気になる人**は、日本高血圧学会がすすめる**6.0g未満**という数字も覚えておくとよいでしょう。

2 調味料の塩分量

塩分は塩以外の調味料にも含まれています。調味料によって塩分量は違うので、ここでは大さじ1に含まれる塩分量を紹介します。調理するとき、どのくらいの塩分になるかの目安にしましょう。

調味料	塩分量
赤みそ	2.0g
白みそ	1.1g
薄口しょうゆ	2.9g
濃口しょうゆ	2.6g
ウスターソース	1.3g
マヨネーズ	0.3g
トマトケチャップ	0.5g

3 味つけの工夫

味つけは少量の調味料でなじませたり、塩分に代わる味を加えるのも有効です。たとえば、ゆで野菜にしょうゆをかけるおひたしと、**油**を加えて野菜をあえるナムル、**すりごま**としょうゆであえるごまあえでは、ナムルやごまあえのほうが**少量の塩分で味つけができます**。また、レモンやゆずなどの**かんきつ類**、しょうがやねぎ、しそなどの**香味野菜**も塩分を増やさずに味を豊かにしてくれるのでおすすめです。

4 塩分を排出する食べ物

ミネラルの一種である**カリウム**は余分な塩分を排出する効果があり、一日の目標摂取量が**成人男性3.0g以上、女性2.6g以上**です。カリウムは**野菜や果物**に多く含まれているので、キウイ、いちご、かぼちゃ、トマトなどを積極的にとると効果的です。また、昆布やひじきなどの**海藻類**にも多いので、毎日の食事にぜひ取り入れましょう。

厚生労働省発表「日本人の食事摂取基準（2015年版）策定検討会」の報告書より

第2章

料理も後片づけもラクラク
一皿ごはん

パパッとできて使う調理道具も少なくてすむのが
一皿ごはんのいいところ。
一皿で満足感があるどんぶりや、
具や味のバリエーションが豊富なうどんやそばなどの麺類は、
お昼にはもちろん、軽くすませたいときの夕飯にも最適です。

チャーハン

1人分 ▶ **514 kcal** 塩分 **2.7g**

フライパンをあおって炒め合わせるのはけっこう大変！
炒めた具とごはんを混ぜるだけの簡単チャーハンなら、誰でもラクに作れます。

◉材料（1人分）

- 生しいたけ…3枚
- ハム（厚切り）…2枚
- 長ねぎ…10cm
- グリンピース（冷凍）…大さじ4
- 卵…1個
- A [しょうゆ…小さじ1/2
    塩…小さじ1/4]
- 温かいごはん…150g
- サラダ油…小さじ1
- ごま油…小さじ1

◉作り方

1. 生しいたけとハムは1cmの角切り、長ねぎは粗みじん切りにする。

2. フライパンにサラダ油を中火で熱し、1の長ねぎ、ハム、しいたけ、グリンピースの順に加えて炒める。しんなりしたらAを加えて軽く炒め合わせ、ボウルに入れたごはんに加える。

3. 同じフライパンを軽くふき、ごま油を入れて中火で熱し、溶いた卵を入れて炒り卵を作る。2のボウルに加え、全体をよく混ぜる。

炒めた具をごはんに混ぜるので、フライパンで炒めるよりも、ラクにチャーハンができます。使う油の量も減るのでヘルシーに仕上がります。

牛丼

1人分 ▶ **427 kcal** 塩分 **1.8g**

しょうがの香りと彩り野菜が食欲をそそるどんぶり。
肉をいったん取り出してから野菜に火を通すとやわらかく仕上がります。

●材料（1人分）

牛肉（切り落とし）…50g
たまねぎ…1/4個
アスパラガス…2本
A ┌ 酒…大さじ2
  └ しょうが汁…大さじ1/2
B ┌ しょうゆ…小さじ2
  │ 砂糖…大さじ1/2
  └ 水…大さじ1
温かいごはん…150g

●作り方

1. たまねぎは5mm幅のくし形切り、アスパラガスは根元の皮をむき、5cm長さに切る。

2. フライパンにAと牛肉を入れて強火でほぐしながら煮立てる。肉に火が通ったら取り出し、中火にする。

3. Bと1を加えて2～3分煮て、肉を戻し入れて煮汁をからめる。器にごはんを盛り、肉と野菜をのせ、煮汁を回しかける。

とろろごはん

1人分 ▶ 438kcal　塩分 1.9g

食欲のないときでも食べやすい、のどごしのよいとろろごはん。
野菜やしらすを加えれば栄養のバランスもバッチリです。

●材料（1人分）
大和いも…100g
にんじん…1/4本
にら…1/2束
だし汁…1カップ
A ┌ しょうゆ…大さじ1/2
　└ みりん…小さじ1
しらす…大さじ1
温かい麦ごはん…150g

●作り方

1. にんじんはせん切り、にらは3cm長さのざく切りにする。鍋にだし汁、**A**、にんじんを入れて強火にかけ、煮立ったら中火にしてにらを加え、2分ほど煮る。具と煮汁に分けて汁を冷ます。

2. 大和いもをすりおろしてボウルに入れ、**1**の煮汁を少しずつ加えながら泡立て器で混ぜる。最後に具を加えてさっと混ぜる。

3. 器にごはんを盛り、**2**をかけ、湯通ししたしらすをのせる。

一皿ごはん

ビビンバ

1人分 ▶ **599 kcal** 塩分 **1.9g**

一皿ごはん

にんにくの香りが食欲をそそる、ボリュームある一皿。
フライパンひとつでできるから洗い物が少ないのも魅力です。

●材料（1人分）

牛ひき肉（または合びき肉）…80g

A
- しょうゆ、すりごま（白）…各小さじ2
- 砂糖、酒…各大さじ1/2
- ごま油…小さじ1
- にんにく（すりおろし。市販品でもOK）…少々

もやし…50g
にんじん…1/4本
絹さや…10枚
温かい麦ごはん…150g
粗びき赤とうがらし…少々

●作り方

1. 絹さやはせん切りにする。にんじんもせん切りにする。

2. フライパンに牛肉と**A**を入れて混ぜ、上にもやし、1の絹さや、にんじんをのせてふたをする。強火で熱して煮立ってきたらふたを取り、中火にして混ぜながら炒りつけて火を通す。

3. 器にごはんを盛り、2をのせて好みで粗びき赤とうがらしをふる。

野菜と肉をいっしょに炒めることで、肉から出た味が野菜になじみ、パサつかずに味つけができる。

そぼろごはん

1人分 ▶ 480kcal　塩分 1.8g

肉も卵もそぼろ状にするときは菜箸を4本使って混ぜると口あたりよく仕上がります。青菜は春菊をのせて味にアクセントをつけて。茶、黄、緑の彩りもきれいです。

● 材料（1人分）

春菊…100g
塩、ごま油…各少々
卵…1個
A［砂糖、酒…各小さじ1
　　塩…少々］
鶏ひき肉…50g
B［しょうが（すりおろし）…1/2かけ分
　　酒…大さじ1/2
　　しょうゆ、砂糖…各小さじ1］
温かいごはん…150g

● 作り方

1　春菊はさっとゆでてみじん切りにし、水気をしぼって塩、ごま油とあえる。

2　フライパンに卵を割り入れてAを加え、かき混ぜてから中火で熱し、菜箸4本でまんべんなくかき混ぜて炒り卵を作り、取り出す。

3　同じフライパンをふいて鶏肉とBを入れ、混ぜてから中火で熱し、菜箸4本で水気がなくなるまでしっかり混ぜて火を止める。器にごはんを盛り、1の春菊、2の炒り卵、3の鶏そぼろをのせる。

まぐろ漬け丼

1人分 ▶ 394 kcal　塩分 2.0g

味をしっかりなじませてくれるごま油がポイント。
海藻や野菜ものせれば、栄養のバランスも彩りもバッチリです。

● 材料（1人分）

まぐろ（赤身）…80g
A ┌ しょうゆ…小さじ2
　├ みりん…小さじ1/2
　├ わさび…少々
　└ ごま油…小さじ1/2
貝割れ菜…1/2パック
わかめ（塩蔵）…10g
温かいごはん…150g

● 作り方

1. まぐろはそぎ切り、貝割れ菜は根元を切り落として半分の長さに切る。わかめは洗って5分ほど水につけて塩を抜き、ひと口大に切る。

2. ボウルにAを入れて混ぜ合わせ、1のまぐろを加えてあえ、10分くらい漬ける。

3. 器にごはんを盛り、1のわかめ、貝割れ菜、2のまぐろをのせる。

親子丼

1人分 ▶ 354 kcal　塩分 2.3g

具にとろりと卵とだし汁がからまるどんぶりの定番です。
卵を加えたら火を止めて、あとは余熱で好みの硬さに仕上げましょう。

● 材料（1人分）

鶏もも肉…1/3枚
酒、しょうゆ…各少々
たまねぎ…1/4個
絹さや…10枚
A ┌ しょうゆ…小さじ2
　├ みりん…大さじ1/2
　├ 酒…大さじ1/2
　├ 砂糖…小さじ1
　└ だし汁…大さじ5
卵…1個
温かいごはん…150g

● 作り方

1. 鶏肉は小さめのそぎ切りにし、酒としょうゆをまぶす。たまねぎは繊維を断ち切るように横に5mm幅に切る。

2. 鍋にAと鶏肉を入れて中火で熱し、肉に火が通ったらたまねぎと絹さやを加えてふたをして2分煮る。溶いた卵を回し入れてふたをし、火を止めて好みの硬さに火を通す。

3. 器にごはんを盛り、2を汁ごとかける。

ツナ、しらたき、梅干しの混ぜごはん

1食分 ▶ 323kcal 塩分 1.7g

一皿ごはん

しらたきを加えるとかさ増しできて、カロリーオーバーを予防できます。
しらたきの食感や梅の香り、ツナの旨みがバランスのよい炊き込みごはんです。

◉材料（2食分）

米…1合
水…1カップ
しらたき…100g
ツナ（水煮缶）…小1缶
梅干し…1個

A ┌ 酒…小さじ1
　└ 塩…少々

◉作り方

1. 米は洗って炊飯器の内釜に入れ、水を注いで30分以上ひたす。しらたきはゆでて軽くしぼり、みじん切りにする。キッチンペーパーで包み、水気をきる。

2. 1の米にAを加えて軽く混ぜ、1のしらたき、汁気をきったツナ、梅干しをのせて普通に炊く。

3. 炊き上がったら梅干しをほぐすように軽く混ぜ合わせ、器に盛る。

ゆで大豆、桜えび、刻み昆布のごはん

1食分 ▶ **349 kcal** 　塩分 **1.4g**

ほっくり炊けたゆで大豆でボリューム感もある炊き込みごはんです。
炊きやすい2食分で作っておいて、残りをおにぎりにしても。

◉ 材料（2食分）

米…1合
水…1カップ
大豆（水煮缶）…60g
桜えび（乾燥）…10g
細切り昆布…5g
A ┌ 酒…大さじ1/2
　└ 塩…小さじ1/3

◉ 作り方

1. 米は洗って炊飯器の内釜に入れ、水を注いで30分以上ひたす。細切り昆布はさっと洗い、ひたひたの水に5分つけて戻し、ざく切りにする。

2. 1の米にAを加えて軽く混ぜ、1の昆布、大豆、桜えびをのせて普通に炊く。

3. 炊き上がったら軽く混ぜ合わせ、器に盛る。

みそとろろそば

1人分 ▶ **484 kcal** 塩分 **1.6g**

ふわっとしたとろろとネバネバの納豆を合わせた冷たいおそば。
スタミナがついて元気の出る組み合わせは季節を問わず食べたい味わいです。

●材料（1人分）

大和いも（すりおろす）…50g
A ┌ だし汁…3/4カップ
　├ みそ…小さじ2
　└ みりん…大さじ1/2
そば（生麺）…100g
ほうれん草…100g
納豆（小）…1パック
長ねぎ（薄めの小口切り）…少々

●作り方

1. ボウルに大和いもを入れ、一度煮立てて冷ましたAを少しずつ加えながら泡立て器でよく混ぜる。ほうれん草は5cm長さに切る。

2. そばはたっぷりの湯で表示時間通りにゆでる。ゆで上がり時間の1〜2分前に1のほうれん草を加えていっしょにゆで、ザルにあげる。冷水にとって水気をきる。

3. 器に2のそばとほうれん草を盛り、1のとろろ、納豆、長ねぎをのせる。

ミルクカレーうどん

1人分 ▶ **401 kcal** 塩分 **1.3g**

カレー粉を使うから香りが引き立ちます。牛乳を加えてマイルドに仕上げた汁が麺にからんで最後まで温かく食べられます。

●材料（1人分）

- 豚肉（薄切り）…50g
- チンゲン菜…1株
- にんじん…1/4本
- だし汁…1カップ
- A ┌ しょうゆ…大さじ1/2
  └ みりん…大さじ1/2
- B ┌ カレー粉…小さじ2
  ├ 片栗粉…小さじ2
  └ 牛乳…1カップ
- ごま油…小さじ1
- 冷凍うどん…1玉

●作り方

1. 豚肉は3cm長さに切る。チンゲン菜は4cm長さに切り、根元は6～8つに割る。にんじんは短冊切りにする。

2. 鍋にごま油を中火で熱して**1**の豚肉とにんじんを炒め、ほぐれてきたらチンゲン菜、だし汁を加えて煮る。煮立ったら**A**を加え、再び煮立ったら混ぜ合わせた**B**を加えてひと煮立ちさせる。

3. うどんは表示時間通りに電子レンジで加熱して器に盛り、**2**をかける。

カレー粉、片栗粉、牛乳はよく混ぜ合わせてから鍋に加えるとダマにならず、ちょうどよいとろみ加減になる。

焼きそば

1人分 ▶ 598 kcal　塩分 2.0g

削り節が入って風味も豊か。こんがり焼いた麺はお店のような味わいになって、
このひと手間がおいしく仕上げるコツです。

●材料（1人分）
豚肉（薄切り）…80g
キャベツ…2枚
にら…1/2束
A ┌ ウスターソース…小さじ2
　│ みりん、水…各大さじ1/2
　│ しょうゆ…小さじ1/2
　│ 削り節…1パック
　└ 片栗粉…小さじ1/2
中華蒸し麺…1玉
サラダ油…小さじ2

●作り方

1. 豚肉、キャベツはひと口大に切る。にらは3cm長さに切る。中華麺は半分に切り、ラップにくるんで電子レンジで40秒加熱する。

2. フライパンにサラダ油小さじ1を強火で熱して**1**の麺を入れ、両面をこんがりと焼いて取り出す。

3. 同じフライパンにサラダ油小さじ1を入れて中火で熱し、**1**の豚肉を炒めてほぐれてきたら、キャベツとにらを加える。火が通ったら混ぜ合わせた**A**、**2**の麺を加えて炒め合わせる。

卵とじうどん

1人分 ▶ 326 kcal　塩分 1.6g

きのこと卵をとろみのついた汁でいただく、やさしい味のうどん。
上にのせたおろししょうががぴりっと味を引き締めます。

◉材料（1人分）
えのきだけ…1/2袋
生しいたけ…2枚
卵…1個
だし汁…2カップ
A ┌ 塩…小さじ1/4
　├ しょうゆ…小さじ1
　└ みりん…小さじ1
B ┌ 片栗粉…大さじ1
　└ だし汁（または水）…大さじ2
冷凍うどん…1玉
わけぎ（小口切り）…1本分
しょうが（すりおろし。
　　市販品でもOK）…少々

◉作り方

1　えのきは根元を切り落とし、半分の長さに切る。生しいたけは薄切りにする。

2　鍋にだし汁を入れて強火で煮立て、1のえのきと生しいたけを加える。再び煮立ったら、Aを加えて味を調え、うどんを加えて煮る。

3　混ぜ合わせたBを加えてとろみをつけ、再び煮立ったら溶いた卵を回し入れ、ふわっと浮いたら軽くかき混ぜて火を止める。器に盛り、わけぎとしょうがをのせる。

月見なめこおろしそば

1人分 ▶ 473 kcal　塩分 2.7g

大根おろしの水分をしっかりきるのがポイント。味が薄まらずに少しのだし汁でも
そば全体にうまくからんで減塩効果につながります。

● 材料（1人分）

- なめこ…1袋
- 大根おろし…1カップ
- 卵黄…1個分
- そば（生麺）…100g
- A
  - だし汁…1/4カップ
  - みりん…小さじ2
  - しょうゆ…小さじ2

● 作り方

1. なめこはザルにのせ、熱湯をかける。大根おろしはザルにのせ、水気をきる。小鍋にAを入れて中火でひと煮立ちさせ、冷ましておく。

2. そばはたっぷりの湯で表示時間通りにゆでてザルにあげ、冷水にとって水気をきり、器に盛る。

3. 2のそばに1の大根おろし、なめこ、卵黄をのせ、冷ましたAを具の上からかける。

鶏南蛮そば

1人分 ▶ 593kcal 塩分 0.8g

やわらかな鶏肉とねぎは、そばとの相性が抜群です。
あっさりと食べられるのにたんぱく質もとれる優良メニュー。

●材料（1人分）

鶏むね肉…1/2枚
長ねぎ…1/2本
いんげん…5本
だし汁…2カップ
A ┌ しょうゆ…小さじ2
　├ みりん…小さじ2
　└ 酒…小さじ2
そば（生麺）…100g
七味とうがらし…適量

●作り方

1. 鶏肉はそぎ切りに、長ねぎは縦半分に切って7〜8mm幅の斜め切りにする。いんげんは3〜4等分に斜め切りにする。

2. 鍋にだし汁、A、1の長ねぎ、いんげんを入れて強火で熱し、煮立ったら中火にし、鶏肉を加えて2〜3分煮る。

3. そばはたっぷりの湯で表示時間通りにゆでてザルにあげ、器に盛る。2の鶏肉、長ねぎ、いんげんをのせて汁をかける。好みで七味とうがらしをふる。

キャベツとツナのスパゲティ

1人分 ▶ **494 kcal** 塩分 **1.2g**

一皿ごはん

にんにくの香りとぴりっとした辛味で食欲がわくスパゲティ。
ゆで加減は歯ごたえが残るくらいが目安ですが、お好みで調節してください。

◉ 材料（1人分）

スパゲティ（乾麺）…60g
キャベツ…4枚
ツナ（水煮缶）…小1缶
A ┌ オリーブオイル…大さじ1
　├ にんにく（すりおろし。市販品でもOK）…小さじ1/3
　└ 赤とうがらし（小口切り）…1/2本分

◉ 作り方

1 キャベツはひと口大に切る。鍋に1ℓの湯を沸かし、塩小さじ2（分量外）を入れてキャベツ、スパゲティの順に加えてゆで、表示時間より1分早くザルにあげる。

2 大きめの耐熱ボウルにAと汁をきったツナを入れ、ラップをかけて電子レンジで1分加熱する。

3 2のボウルに1のスパゲティとキャベツを加えてあえる。

沸騰した湯にキャベツを入れ、再び煮立ったらスパゲティを加えていっしょにゆでる。ひとつの鍋で麺と野菜を一度にゆでられるのでラク。

コラム2
あと一品ほしいときの手作り万能ソース

生野菜や、ゆでたり蒸した肉や野菜によく合う万能ソースレシピを紹介します。
料理が面倒なときやあと一品ほしいときにあるととっても便利です。

にんじんソース

3カップ分 ▶ 292 kcal　塩分 5.2g

食欲をそそるにんじんの色が決め手のソースです。
野菜がたっぷり入っているので肉にもよく合います。

保存は冷蔵庫で1週間

●材料（3カップ分）

にんじん…1本
ピーマン…1個
トマト…1個
A
- たまねぎ…1/8個
- しょうが…1かけ
- だし汁…大さじ4
- ごま油…大さじ1
- 酢…大さじ1
- はちみつ…大さじ1/2
- 塩…小さじ1

●作り方

1 にんじん、ピーマン、トマトはざく切りにする。
2 耐熱皿に1のにんじんとピーマンをのせ、ラップをかけて電子レンジで3分加熱する。
3 1のトマト、2のにんじんとピーマン、Aをミキサーに入れ、なめらかになるまで撹拌する。

鶏むね肉1枚に酒、塩、こしょう少々をかけ、電子レンジで2分加熱してそのまま冷ます。粗熱がとれたら手で割いて、ベビーリーフといっしょに盛りつけてソースをかける。

ゆで大豆と塩昆布ソース

1と1/2カップ分 ▶ 355 kcal　塩分 5.1g

塩昆布とちりめんじゃこの旨みがポイントの大豆ソース。
和食に合うあっさりとした味で素材によくからみます。

保存は冷蔵庫で1週間

好みの硬さにゆでたブロッコリーにソースをかける。根菜などとも相性がよい。

●材料（1と1/2カップ分）

A
- 大豆缶（水煮）…1缶（120g）
- 酢…大さじ2
- オリーブオイル…大さじ1
- だし汁…大さじ4
- しょうゆ…大さじ1/2

B
- 塩昆布…10g
- ちりめんじゃこ…20g

●作り方

1 塩昆布はみじん切りにする。
2 ミキサーに入れAをなめらかになるまで撹拌し、Bを加えて軽くくだける程度に混ぜる。

第3章
主菜、副菜がすぐできる
簡単おかず

火の通りやすい薄切り肉や切り身の魚を使った
主菜をはじめ、野菜を手軽にとれる副菜など、
組み合わせればすぐに献立ができる便利なおかずを集めました。
彩りや栄養面でも文句なしのメニューは、
作るのも食べるのも楽しくなります。

炒り豆腐

1人分 ▶ 202 kcal　塩分 1.2g

肉や魚を使わなくてもボリュームのある豆腐のおかず。
豆腐は軽く焼き色がつくくらい炒めると味がなじみやすくなります。

● 材料（1人分）

木綿豆腐…1/2丁（150g）
にんじん…1/4本
生しいたけ…3枚
いんげん…5本
だし汁…大さじ3
A ┌ 砂糖…小さじ1
　├ しょうゆ…小さじ1
　└ 塩…少々
サラダ油…小さじ1

● 作り方

1. 豆腐はふきんで包み、水気をしぼる。にんじんはせん切り、生しいたけは薄切り、いんげんは斜め切りにする。

2. フライパンにサラダ油を中火で熱して、1のにんじん、生しいたけ、いんげんの順に加えて炒める。しんなりしたら豆腐を加え、ほぐしながら炒める。

3. だし汁、Aを加えて7〜8分煮る。煮汁が少し残る程度まで煮たら火を止める。

たっぷりわかめと金目鯛の煮つけ

脂がのってこっくりと煮えた金目鯛は白いごはんによく合います。
わかめとしょうがを添えれば箸休めにもなります。

1人分 ▶

簡単おかず 主菜

● 材料（1人分）
金目鯛（切り身）…1切れ
しょうが…1かけ
わかめ（塩蔵）…20g
A ┌ **水**…3/4カップ
  │ **酒**…大さじ3
  │ **砂糖**…大さじ1
  │ **しょうゆ**…小さじ2
  └ **みりん**…大さじ1/2

● 作り方

1 金目鯛は皮に斜め十字に切り込みを入れる。しょうがは皮をむいてせん切りにし、皮もとっておく。わかめは洗って5分くらい水につけて塩を抜き、ひと口大に切る。

2 小鍋に**A**と**1**のしょうがの皮を入れ、強火で熱して煮立ったら中火にし、金目鯛を入れて上から煮汁をかけ、クッキングシートで落としぶたをして10〜15分煮る。

3 **1**のわかめを加えてひと煮立ちさせたら、器に盛る。煮汁をかけて、せん切りのしょうがをのせる。

ポン酢豚

1人分 ▶ 379 kcal　塩分 2.6g

厚切り肉を使わず、薄切り肉を丸めて作る肉団子風の酢豚。
ポン酢を使えば甘酢あんが簡単に作れます。とってもやわらかで、噛むのもラクラクです。

● 材料（1人分）

豚肉（もも薄切り）…80g
しょうが汁、酒…各小さじ1/2
片栗粉…少々
パプリカ（黄）…1/2個
ブロッコリー…3房
ミニトマト…6個
A ┌ ポン酢しょうゆ…大さじ1と1/2
　├ 水…大さじ1と1/2
　├ 砂糖…大さじ1/2
　└ 片栗粉…小さじ1/2
サラダ油…大さじ1/2と小さじ1

● 作り方

1 豚肉にしょうが汁と酒をもみ込み、5等分にして手で丸め、片栗粉をまぶす。パプリカはひと口大に切り、ブロッコリーは小房に分ける。

2 フライパンにサラダ油大さじ1/2を入れて中火で熱し、1の豚肉を入れてこんがり焼いて火を通す。油が足りない場合はさらにサラダ油小さじ1を加え、パプリカ、ブロッコリー、ミニトマトを加えて炒める。

3 Aを加えて混ぜながら煮立たせ、全体にとろみをつける。

簡単おかず 主菜

煮やっこ

1人分 ▶ 251 kcal　塩分 2.1g

削り節としょうゆで煮るから、ごはんによく合うおかずになります。
湯豆腐ともまた違った味わいを試してみてください。

● 材料（1人分）

木綿豆腐…2/3丁（200g）
春菊…100g
長ねぎ…1/2本
A ┌ 水…3/4カップ
　 │ しょうゆ…小さじ2
　 │ みりん…小さじ2
　 └ 削り節…1/2カップ
しょうが（すりおろし。
　市販品でもOK）…少々

● 作り方

1　豆腐は4等分に切る。春菊は葉をつむ。長ねぎは1cm幅の斜め切りにする。

2　鍋にAを入れて強火で熱し、煮立ったら中火にして1の豆腐と長ねぎを入れ、2〜3分煮る。

3　春菊を加え、1〜2分煮る。器に盛り、しょうがをのせる。

きのこと鶏肉のごまみそ蒸し

素材を重ねて電子レンジで加熱するだけの簡単メニューです。
蒸し料理は電子レンジの得意技なのでどんどん活用しましょう。

1人分 ▶ 561 kcal　塩分 1.7g

● 材料（1人分）

鶏むね肉…1/2枚
しめじ…1パック
えのきだけ…1袋
たまねぎ…1/2個

A ┌ すりごま（白）…大さじ1
　│ みそ…大さじ1/2
　│ 酒…大さじ1
　│ しょうゆ…小さじ1/2
　│ 砂糖…小さじ1/2
　│ みりん…大さじ1
　│ しょうが（すりおろし）…1かけ分
　└ 片栗粉…小さじ1

● 作り方

1 しめじは小房に分け、えのきは根元を切り落として半分の長さに切る。たまねぎは繊維を断ち切るように横に5mm幅に切る。

2 鶏肉はひと口大のそぎ切りにし、混ぜ合わせたAをよくもみ込む。

3 耐熱皿に1のたまねぎ、しめじ、えのき、2の鶏肉の順に重ねてのせ、ラップをかけて電子レンジで4分加熱する。

さばのごましそ焼き

1人分 ▶ 207 kcal　塩分 2.0g

簡単おかず主菜

さばといえば塩焼きや味噌煮が定番ですが、いりごまや青じそでアレンジ。
香りがよく、調味料をたくさん使わなくてもおいしくいただけます。

●材料（1人分）

- さば(切り身)…1切れ
- 塩…小さじ1/4
- A [小麦粉…小さじ1
    酒…小さじ1]
- いりごま(白)…小さじ2
- 青じそ…4枚
- 大根おろし…1/4カップ
- 青じそ(つけあわせ用)…1枚
- しょうゆ…適量

●作り方

1. さばは半分に切り、塩をふって10分おき、キッチンペーパーで水気をふく。青じそは細切りにする。

2. 1のさばの皮に混ぜ合わせたAを塗り、いりごまと1の青じそをまぶす。

3. 熱した両面焼きグリルに入れ、中火から弱火で7～8分こんがりと焼き、器に盛る。つけあわせ用の青じそ、大根おろしを添えて、好みでしょうゆをかける。

豆腐のチャンプルー

1人分 ▶ 242kcal　塩分 1.9g

野菜はシャキッとした食感を残し、豆腐は水分をしっかりきって
ごま油で香ばしく焼くのがおいしさの秘訣です。

●材料（1人分）

木綿豆腐…1/3丁（100g）
キャベツ…2枚
にんじん…1/4本
もやし…50g
A ┌ 塩…小さじ1/4
　├ しょうゆ…小さじ1/2
　└ 砂糖…小さじ1/2
花かつお…1/3カップ
卵…1個
ごま油…小さじ1/2
サラダ油…小さじ1/2

●作り方

1　豆腐はふきんに包んで重石をのせ、水気をきる。キャベツは太めのせん切り、にんじんはせん切りにする。

2　フライパンにごま油を中火で熱して1の豆腐を手でちぎりながら入れ、こんがり焼いて取り出す。同じフライパンにサラダ油を入れて中火で熱し、にんじん、キャベツ、もやしの順に加えて炒め、豆腐を戻し入れ、Aを加えて炒める。

3　花かつおは飾り用に少し残し、手でもんで細かくしたらフライパンに加え、溶いた卵を回し入れて炒め合わせる。皿に盛り、飾り用の花かつおをのせる。

簡単おかず主菜

いわしのブイヤベース

1人分 ▶ 457kcal　塩分 1.7g

いわしの旨みがたっぷりのスープ仕立ての一皿。
健康によい青背の魚は積極的にとるようにしましょう。

●材料（1人分）

- いわし…1尾
- 塩、こしょう…各少々
- 白ワイン…大さじ3
- A［たまねぎ…1/2個
　　にんにく…1かけ］
- トマト…1個
- じゃがいも…1個
- パセリ…少々
- オリーブオイル…大さじ1/2
- カレー粉…小さじ1/2
- 水…1カップ
- ローリエ…1枚
- 塩…小さじ1/4

●作り方

1. いわしは頭と内臓を取り除き、洗ってぶつ切りにする。塩、こしょうをふり、10分おいてキッチンペーパーでふき、白ワインをふる。

2. Aは薄切り、トマトは粗みじんに切り、じゃがいもは5mm厚さの輪切りにして水で洗う。パセリはみじん切りにする。

3. 鍋にオリーブオイルを中火で熱してAを炒め、しんなりしたらカレー粉、2のトマトの順に加えてさらに炒める。

4. 水、2のじゃがいもを加えて5分煮たら、ローリエと1のいわしをワインのつけ汁ごと加え、7～8分煮て塩で味を調える。器に盛り、2のパセリをふる。

なすの肉巻き蒸し

1人分 ▶ 341 kcal　塩分 2.0g

しゃぶしゃぶ用の豚肉でなすを巻き、ふっくらと火を通したレンジ蒸しの一品です。
あっという間に作れて食べごたえもあり。たれをよくからめていただきましょう。

● 材料（1人分）

なす…1と1/2本
豚肉（ロースしゃぶしゃぶ用）…6枚
サラダ油…小さじ1

A ┌ しょうゆ…小さじ2
　├ 塩…少々
　├ 酒…小さじ1
　├ 砂糖…小さじ1/2
　├ しょうが（すりおろし）…1かけ分
　├ すりごま（白）…大さじ1/2
　├ ごま油…小さじ1/2
　└ 片栗粉…小さじ1/4

● 作り方

1. なすは縦に4つ割りにし、サラダ油をまぶす。広げた豚肉の上になすを置き、肉をらせん状に巻きつける。

2. 耐熱皿に1のなすを並べ、混ぜ合わせたAをまんべんなくかけてラップをかけ、電子レンジで4分加熱する。なすに、たれをからめて器に盛る。

もやしと豚肉の梅蒸し

1人分 ▶ 255kcal 塩分 1.5g

梅肉の酸味、豆板醤のピリッとした辛味、オイスターソースが相性抜群。
中華風の蒸し物はごはんがすすみ、スタミナもつきます。

簡単おかず主菜

● 材料（1人分）

豚肉（もも薄切り）…80g

A
- 梅肉…小さじ1
- オイスターソース…小さじ1/2
- しょうゆ…小さじ1/2
- 酒…小さじ1
- 砂糖…小さじ1/2
- にんにく（すりおろし。市販品でもOK）…少々
- 豆板醤…少々
- ごま油…小さじ1
- 片栗粉…小さじ1/2

もやし…1袋
青じそ…5枚

● 作り方

1 豚肉は半分の長さに切り、混ぜ合わせた**A**をもみ込む。

2 耐熱皿にもやし、1の豚肉の順にのせ、ラップをかけて電子レンジで3分加熱する。

3 2を軽く混ぜて器に盛り、青じそをちぎってのせる。

かじきの沢煮

1人分 ▶ 153 kcal　塩分 1.2g

たっぷりの汁も主役の沢煮は、かじきに薄味の煮汁をからませながらいただきます。
香りのよい三つ葉が味のアクセントになっています。

● 材料（1人分）
かじき（切り身）…1切れ
三つ葉…1束
A ┌ しょうが汁…大さじ1/2
　├ 酒…大さじ1と1/2
　├ みりん…大さじ1/2
　├ 塩…少々
　├ しょうゆ…小さじ1
　└ 水…3/4カップ

● 作り方

1　三つ葉は2cm長さに切る。

2　小鍋にAを入れて強火で熱し、煮立ったら中火にしてかじきを入れる。クッキングシートで落としぶたをして10分煮て、1の三つ葉を加えて煮る（飾り用の葉を少しとっておく）。

3　皿に盛り、三つ葉を飾る。

簡単おかず主菜

鮭、わかめ、キャベツ、じゃがいものバター蒸し

1人分 ▶ 307 kcal　塩分 2.4g

おなじみの塩鮭を野菜やわかめといっしょに蒸し物に。
バターは仕上げにのせると香りが楽しめます。

● 材料（1人分）

甘塩鮭（切り身）…1切れ
じゃがいも…1個
キャベツ…2枚
わかめ（塩蔵）…20g

A ┌ しょうゆ…小さじ1
　├ 酒…小さじ1
　├ みりん…小さじ1
　└ にんにく（すりおろし。
　　　市販品でもOK）…少々

バター…5g
七味とうがらし…適量

● 作り方

1. じゃがいもは1cm厚さのいちょう切りにしてさっと洗う。キャベツはひと口大に切る。わかめは洗って5分くらい水につけて塩を抜き、ひと口大に切る。

2. 耐熱皿に**1**のキャベツ、じゃがいも、わかめ、鮭をのせ、混ぜ合わせた**A**をかける。ラップをかけて電子レンジで6分加熱する。

3. 仕上げにバターをのせ、好みで七味とうがらしをふる。

キャベツと豚肉の重ね蒸し

生のキャベツを重ねて蒸すので、ロールキャベツのような手間もかからず簡単。蒸すとかさが減るので野菜をたっぷりいただけます。

1人分 ▶ **328** kcal　塩分 **1.7g**

●材料（2人分）
キャベツ…6枚
にんじん…1/3本
豚肉（ロース薄切り）…80g
A ┌ しょうが（すりおろし）…1かけ分
　│ 酒…大さじ2
　└ 塩…小さじ1/3
水…大さじ4

●作り方

1 キャベツは葉脈に沿って縦半分に切る。にんじんは薄い輪切りにする。

2 小鍋に1のキャベツ4枚、にんじん半量、豚肉半量を重ねて入れ、混ぜ合わせたAを半量かける。さらに残りのキャベツ4枚、にんじん、豚肉も同様に重ね、Aをかける。一番上に残ったキャベツ4枚をかぶせて水を加え、ふたをして中火で20分蒸し煮にする。

3 鍋の中で4等分に切り、器に盛る。

キャベツがぴったり納まる大きさの小鍋だと味が全体に回っておいしく仕上がる。取り出しにくいので鍋の中で4つに切ってからフライ返しなどで取り分けるとよい。

牛肉のすき煮

1人分 ▶ **251 kcal** 塩分 **1.8g**

簡単おかず 主菜

小さめのフライパンひとつでできる手軽なすき煮。
ごはんがすすむ甘辛の味わいはどんぶりにもおすすめです。

● 材料（1人分）

- 牛肉（切り落とし）…80g
- まいたけ…1/2パック
- わけぎ…3本
- A
  - 水…1/3カップ
  - 酒…大さじ1
  - みりん…大さじ1
  - しょうゆ…小さじ2
  - 砂糖…小さじ1/2

● 作り方

1. まいたけは小房に分ける。わけぎは2cm幅の斜め切りにする。

2. フライパンにAを入れて強火で熱し、煮立ったら牛肉を広げて入れる。アクを取り、まいたけ、わけぎを加えてひと煮する。

塩肉豆腐

1人分 ▶ 291 kcal　塩分 1.9g

にんにくと赤とうがらしを加えた塩味の肉豆腐。素材はシンプルですが、
ほっと温まってパワーがつきそうな一品です。

●材料（1人分）

豚肉（ロースしゃぶしゃぶ肉）…50g
木綿豆腐…1/2丁（150g）
にら…1/2束
にんにく…1かけ
赤とうがらし…1本
A ┌ だし汁…1カップ
　├ 塩…小さじ1/3
　└ みりん…大さじ1/2

●作り方

1 豆腐は4等分に切る。にらは4cm長さに切る。にんにくは薄切り、赤とうがらしは小口切りにする。

2 鍋にAと1のにんにく、赤とうがらし、豆腐を入れて強火で熱し、煮立ったら中火にして豚肉を加える。再び煮立ったらアクを取り、2～3分煮る。

3 にらを加え、ひと煮して火を止める。

簡単おかず副菜

ブロッコリーのだしびたし

1人分 ▶ 26 kcal　塩分 0.6g

サラダで食べるだけでなく、しょうゆとも相性のよいブロッコリー。
ビタミンCも豊富なので積極的にとりたい野菜です。

●材料（1人分）
ブロッコリー…1/3個
A ┌ 水…1/2カップ
  │ 塩…小さじ1/4
  │ しょうゆ…小さじ1/2
  └ 削り節…1/2パック

●作り方
1 ブロッコリーは小房に分け、水にひたす。

2 鍋にAを入れて中火にかけ、煮立ったら水気をきったブロッコリーを加えて弱めの中火で1分煮る。火を止め、そのまま冷ます。

ほうれん草、にんじんのナムル

1人分 ▶ 93kcal　塩分 1.5g

ごま油とにんにくの風味でゆで野菜をたっぷり食べられるナムル。
季節の野菜でアレンジして毎日の献立に取り入れましょう。

● 材料（1人分）

ほうれん草…100g
にんじん…1/3本
A ┌ ごま油…小さじ1
　│ 塩…小さじ1/5
　│ にんにく（すりおろし。
　│ 　市販品でもOK）…少々
　└ しょうゆ…小さじ1/2
いりごま（白）…少々

● 作り方

1　ほうれん草は3cm長さに切る。にんじんはせん切りにする。

2　鍋に湯を沸かし、塩少々（分量外）を加えて1のほうれん草、にんじんを入れ、好みの硬さにゆでて冷水にとり、水気をしぼる。

3　ボウルに2のほうれん草とにんじんを入れ、Aを上から順に加えて混ぜる。器に盛り、いりごまをふる。

きゅうりと青じその塩もみ

1人分 ▶ 14 kcal 塩分 0.4g

簡単おかず 副菜

野菜をさっぱり食べたいときにおすすめの副菜です。
青じその風味で塩分ひかえめでもおいしく食べられます。

● 材料（1人分）
きゅうり…1本
青じそ…2枚
塩…小さじ1/5

● 作り方

1 きゅうりは薄い輪切り、青じそはせん切りにする。

2 ボウルに1のきゅうり、青じそを入れ、塩をまぶして10分ほどおく。しんなりしたら水気をしぼる。

にんじんとパセリのサラダ

1人分 ▶ 128 kcal　塩分 0.4g

にんじんは薄切りにしてしんなりさせると、意外とたくさんの量を食べられます。
洋風の味つけですが、パンにもごはんにも合うサラダです。

● 材料（1人分）
にんじん…1/2本
パセリ…大さじ3
マヨネーズ…小さじ1
A ┌ 白ワインビネガー（または酢）…大さじ1/2
　│ たまねぎ（すりおろし）…小さじ1
　│ 塩…少々
　│ こしょう…少々
　│ オリーブオイル…小さじ1
　└ はちみつ…小さじ1/2

● 作り方
1 にんじんはスライサーで薄いせん切りにする。パセリはみじん切りにする。
2 ボウルに1のにんじんを入れ、マヨネーズを加えてあえる。パセリ、Aを加えて全体をよくあえる。

簡単おかず副菜

小松菜と梅干しの煮びたし

1人分 ▶ **34 kcal**　塩分 **1.6g**

煮びたしに梅干しを加えて、よりさっぱりと仕上げた一品です。
多めに作り、冷たくしてもおいしくいただけます。

● 材料（1人分）

小松菜…100g

A ┃ 梅干し（小）…1/2個
　 ┃ だし汁…1/2カップ
　 ┃ しょうゆ…小さじ1/2
　 ┃ みりん…小さじ1

● 作り方

1 小松菜は4cm長さに切る。梅干しは手でちぎる。

2 鍋にAを入れて強火で熱し、煮立ったら中火にし、1の小松菜を加えて2〜3分煮る。

セロリ、にんじんの塩もみ

1人分 ▶ 26kcal 塩分 0.5g

生で食べるとちょっと硬いセロリやにんじんは塩もみにするとしんなりして食べやすく、シャキッとした食感を楽しめます。

● 材料（1人分）
セロリ…1/2本
にんじん…1/3本
塩…小さじ1/5

● 作り方

1 セロリはすじを取り、3cm長さに切る。にんじんは短冊切りにする。

2 ボウルに1のセロリ、にんじんを入れ、塩をまぶして10分ほどおく。しんなりしたら水気をしぼる。

わかめのだしびたし

1人分 ▶ **10 kcal** 塩分 **0.9g**

さっぱりとした副菜がほしいときはこれ。わかめとしょうがの組み合わせはごはんのおかずにもお酒のおつまみにもぴったりです。

簡単おかず副菜

● 材料（1人分）
わかめ（塩蔵）…30g
しょうが…1かけ
A ┌ だし汁…1カップ
　├ 塩…小さじ1/5
　└ しょうゆ…小さじ1/3

● 作り方

1 わかめは洗って5分くらい水につけて塩を抜き、ひと口大に切る。しょうがはせん切りにする。

2 小鍋にAを入れ、強火でひと煮立ちさせて冷ます。

3 1のわかめとしょうがを加え、10分ほどひたす。

ブロッコリーとかぶのホットサラダ

1人分 ▶ 111kcal 塩分 0.3g

寒い季節におすすめのホットサラダ。野菜は電子レンジで蒸すのであっという間に作れます。

●材料（1人分）
ブロッコリー…1/3個
かぶ…1個

A
- ヨーグルト（無糖）…大さじ4
- 白ワインビネガー…小さじ1
- 塩…少々
- こしょう…少々
- オリーブオイル…小さじ1
- にんにく（すりおろし。市販品でもOK）…少々

●作り方

1 ブロッコリーは小房に分ける。かぶは茎を少し残して6等分のくし形切りにする。

2 耐熱皿に1のブロッコリー、かぶをのせ、水大さじ1（分量外）をふってラップをかけ、電子レンジで3分加熱する。

3 水気をきって皿に盛り、混ぜ合わせたAをかける。

簡単おかず
副菜

大根とごまの塩もみ

1人分 ▶ **38 kcal** 塩分 **0.4g**

大根の漬物よりもぐんと塩分を減らせるから、常備菜にもおすすめです。
ちょっと一品ほしいときにもすぐ作れて便利です。

● 材料（1人分）

大根…100g
大根の葉…少々
塩…小さじ1/5
いりごま（白）…小さじ1

● 作り方

1 大根は薄いいちょう切りにする。大根の葉は小口切りにする。

2 ボウルに**1**の大根と大根の葉を入れ、塩をふって10分ほどおく。しんなりしたら水気をしぼり、いりごまをふる。

コラム3
手軽でおいしいドリンクレシピ

朝ごはんやおやつの時間に手軽に栄養補給もできる手作りドリンクはいかがですか？
飲みやすくて胃にもやさしく、食欲がないときにもおすすめです。

ほうじ茶豆乳

 135kcal　塩分 0g

豆乳ときな粉、すりごまのコクを味わえる
温かいドリンクです。
ほんのりとした甘さが口に広がります。

● 材料（1人分）
ほうじ茶…100ml
豆乳（成分無調整）…100ml
A ┌ きな粉…小さじ2
　├ すり黒ごま…小さじ2
　└ 砂糖…小さじ1

● 作り方
1　鍋にAを入れて混ぜ合わせ、ほうじ茶と豆乳を加えて中火で温める。

りんご甘酒

 178kcal　塩分 0.2g

自然な甘さが人気の甘酒に皮ごと入れた
りんごの酸味が効いて、
さっぱりと飲める冷たいドリンクです。

● 材料（1人分）
りんご…1/2個
甘酒…120g

● 作り方
1　ミキサーに皮付きのりんごと甘酒を入れて撹拌する。

第4章
アレンジ自在な作りおきおかず

疲れて何も作りたくないときや、時間がないときでも
冷蔵庫に作りおきおかずがあれば安心。
まとめて作ってそのまま食べても、別のおかずにアレンジしても
おいしくいただける使い勝手のいいおかずです。
材料は缶詰や乾物など、家にストックできるものが中心なので、
思い立ったらパッと作れる手軽さも魅力です。

缶詰を使って

1/6量 ▶ **167 kcal**　塩分 **1.6g**

さば缶と大豆缶のカレー煮

缶詰を使って手軽にできる作りおきおかずです。
さばも大豆も水煮缶なら開けてすぐに調理できるので手間なし。
栄養たっぷりの素材は缶詰で常備しておくと何もないときも安心です。

保存は冷蔵庫で1週間

●材料（3カップ分）
さば（水煮缶）…1缶（200g）
大豆（水煮缶）…1缶（120g）
A ┌ たまねぎ…1個
　 └ にんじん…1本
オリーブオイル…大さじ1
カレー粉…大さじ3
B ┌ しょうが（すりおろす。
　 │　市販品でもOK）…2かけ分
　 │ にんにく（すりおろす。
　 │　市販品でもOK）…1かけ分
　 │ トマトケチャップ…大さじ3
　 │ しょうゆ…大さじ1
　 └ 塩…小さじ1/2
水…1カップ

そのまま食べても、ドライカレーのようにごはんにかけてもよく合います。カレーの香りがさばの魚臭さを消してくれ、辛味もないのでとても食べやすい味に仕上がります。

野菜にカレー粉がなじんで香りが立ったら、さばは缶汁ごと、大豆はそのまま加える。

●作り方

1　Aはみじん切りにする。フライパンにオリーブオイルを入れて中火で熱し、Aを入れて薄く色づくまで炒める。

2　カレー粉を加えてさらに炒め、香りが立ったらさばを缶汁ごと加え、大豆も加えて木べらでつぶしながら混ぜる。さばは完全に形がなくなるまでつぶす。

3　Bと水を加えて混ぜ合わせ、汁気がほとんどなくなるまで煮込む。

さば缶と大豆缶のカレー煮で作る

野菜炒め

1人分 ▶ 225 kcal　塩分 1.6g

もやしはシャキッとした食感を残すとおいしくいただけます。
キャベツやしめじなどの野菜でアレンジしてもOK。

● 材料（1人分）
さば缶と大豆缶のカレー煮…1/2カップ
もやし…1/2袋
ごま油…小さじ1

● 作り方

1　フライパンにごま油を中火で熱し、さば缶と大豆缶のカレー煮を炒める。熱くなったらもやしを加えてさっと炒め合わせる。

卵とじ

1人分 ▶ 244 kcal　塩分 1.8g

卵と合わせるとマイルドなおかずになり、しっかり食べたい朝やお昼にもおすすめの一品。細ねぎを添えて彩りよく。

●材料（1人分）
さば缶と大豆缶のカレー煮…1/2カップ
水…1/2カップ
卵…1個
細ねぎ…少々

●作り方

1. 細ねぎは斜め薄切りにする。卵はボウルに割り入れ、溶きほぐす。

2. フライパンに水とさば缶と大豆缶のカレー煮を入れて強火にかけ、煮立ったら1の卵を回し入れて火を通す。器に盛り、1の細ねぎを添える。

乾物を使って

1/8量 ▶ **36 kcal** 塩分 **0.9g**

ひじきの梅風味煮

ミネラルが豊富な海藻類は積極的にとりたい食品のひとつ。そこでおすすめなのがひじきを使った常備菜。そのまま食べても、アレンジ料理にしてもおいしいから、毎日の食卓に取り入れましょう。

保存は冷蔵庫で1週間

作りおきおかず

●材料（3カップ分）
芽ひじき（乾燥）…30g
水…2カップ
みりん…大さじ1
梅干し…2個
粉かつお…大さじ6
ゆかり…大さじ1/2

梅、しそ、かつおの風味が豊かでさっぱりとした味わいです。しっとりタイプのふりかけとしてごはんにかけたり、混ぜ込んでおにぎりにするのもおすすめです。

●作り方

1 ひじきはたっぷりの水（分量外）に30分ひたす。軽く洗って水気をきる。

2 鍋に1のひじき、水、みりん、梅干しをちぎり入れ、粉かつおを半量入れて中火で煮る。

3 煮汁が少し残るくらいまで煮詰めたら、仕上げに残りの粉かつおとゆかりを加え、混ぜながら2～3分煮る。

煮汁が少し残る程度に煮詰まってきたら、残り半量の粉かつおを加える。粉かつおは2回に分けて入れると、だしの役割に加え、香りも引き立つ。

ひじきの梅風味煮で作る

豆腐のせ

1人分 ▶ 96 kcal　塩分 0.6g

豆腐にのせて電子レンジで温めるだけのスピードおかず。
暑い季節は冷ややっこで食べるのもおすすめです。

● 材料（1人分）
ひじきの梅風味煮…1/4カップ
木綿豆腐…1/3丁（100g）

● 作り方
1. 耐熱皿に豆腐、ひじきの梅風味煮をのせる。ラップをかけ、電子レンジで1分30秒加熱する。

かぶ煮

1人分 ▶ 86 kcal　塩分 1.2g

しっかりとした味のひじき煮はかぶや大根など淡泊な味の野菜と合わせると
調味料なしでおいしい煮物に仕上がります。

● 材料（1人分）
ひじきの梅風味煮…1/2カップ
かぶ…2個
水…1/2カップ

● 作り方

1. かぶは葉の部分を切り落とし、皮をむいて4等分に切る。葉は3cm長さに切る。

2. 鍋に1のかぶ、ひじきの梅風味煮、水を入れて中火で熱し、ふたをして10分煮る。かぶの葉を加えて1～2分煮る。

乾物を使って

1/8量 ▶ **80kcal** 塩分 **1.1g**

高野豆腐と根菜のそぼろ

煮物にして食べるイメージが強い高野豆腐ですが、そぼろ状にすると
ごはんにはもちろん、ほかのおかずにもアレンジが広がる便利な一品に。
根菜のみじん切りはひと手間かかりますが、まとめて作れば後々ラクができます。

保存は冷蔵庫で1週間

作りおきおかず

● 材料（4カップ分）
高野豆腐…3枚
れんこん…1節
ごぼう…1/2本
にんじん…1/2本
しょうが…2かけ
いんげん…10本
だし汁…2カップ
A ┌ 砂糖…大さじ1
　│ 酒…大さじ2
　│ しょうゆ…大さじ3
　└ みりん…大さじ2

根菜と高野豆腐のそぼろがからんでボリューム感のある副菜に。スプーンを使うと食べやすいです。ごはんにはもちろん、麺類との相性もよいので試してみてください。

高野豆腐は水気をきり、指で握りつぶすようにしてポロポロとちぎる。

● 作り方

1 高野豆腐は熱湯をかけ、粗熱が取れたら水気をしぼり手でそぼろ状にちぎる。れんこん、ごぼう、にんじん、しょうがはみじん切り、いんげんは小口切りにする。

2 鍋に1の高野豆腐、れんこん、ごぼう、にんじん、しょうが、だし汁を入れ、中火で10分煮る。

3 Aを加え、煮汁がほとんどなくなるまで煮詰め、仕上げにいんげんを加えて2〜3分煮る。

高野豆腐と根菜のそぼろで作る

そぼろのせうどん

1人分 ▶ 304kcal 塩分 2.4g

とろみのある汁とそぼろの相性がよく、手軽に具だくさんうどんが楽しめます。

● 材料（1人分）

高野豆腐と根菜のそぼろ…1/2カップ

A ┌ だし汁…1と1/2カップ
　├ 塩…小さじ1/4
　├ しょうゆ…小さじ1/2
　└ 片栗粉…大さじ1

冷凍うどん…1玉
青ねぎ（小口切り）…1本分

● 作り方

1 鍋にAを入れて強火で熱し、混ぜながら煮立てる。煮立ったらうどんを加え、麺がほぐれるまで煮る。

2 どんぶりに盛り、高野豆腐と根菜のそぼろをかけ、青ねぎを散らす。

キャベツのあえもの

1人分 ▶ 133 kcal　塩分 1.1g

ゆでたキャベツとそぼろをあえただけで、野菜炒めのような一品に。
ごま油がよいつなぎ役になっています。

● 材料（1人分）
高野豆腐と根菜のそぼろ…1/2カップ
キャベツ…3枚
ごま油…小さじ1/2

● 作り方

1 キャベツはひと口大に切り、ゆでてザルにあげる。

2 1のキャベツの粗熱が取れたら水気をしぼり、高野豆腐と根菜のそぼろとごま油を加えてあえる。

食材別索引

【肉・肉加工品】

●牛肉、牛ひき肉
肉豆腐 ･････････････････････････ 22
牛丼 ･･･････････････････････････ 34
ビビンバ ･･･････････････････････ 37
牛肉のすき煮 ･･･････････････････ 67

●鶏肉、鶏ひき肉
酸辣湯（サンラータン） ･････････････ 20
そぼろごはん ･･･････････････････ 38
親子丼 ･････････････････････････ 40
鶏南蛮そば ･････････････････････ 49
きのこと鶏肉のごまみそ蒸し ･････ 58

●ハム
卵とハムのココット蒸し ･････････ 14
チャーハン ･････････････････････ 32

●豚肉
青椒肉絲（チンジャオロースー） ･･･････ 26
ミルクカレーうどん ･････････････ 44
焼きそば ･･･････････････････････ 46
ポン酢豚 ･･･････････････････････ 56
なすの肉巻き蒸し ･･･････････････ 62
もやしと豚肉の梅蒸し ･･･････････ 63
キャベツと豚肉の重ね蒸し ･･･････ 66
塩肉豆腐 ･･･････････････････････ 68

【魚介・魚介加工品・海藻】

●あじの干物
あじの干物のごま焼き ･･･････････ 12

●甘塩鮭
鮭、わかめ、キャベツ、じゃがいものバター蒸し ･･ 65

●いわし
いわしのブイヤベース ･･･････････ 61

●かじき
かじきの沢煮 ･･･････････････････ 64

●金目鯛（切り身）
たっぷりわかめと金目鯛の煮つけ ･････ 55

●昆布
ゆで大豆、桜えび、刻み昆布のごはん ･････ 42
ゆで大豆と塩昆布ソース ･････････ 52

●桜えび（乾燥）
ゆで大豆、桜えび、刻み昆布のごはん ･････ 42

●さば、さば缶
さばの漬け焼き ･････････････････ 24
さばのごましそ焼き ･････････････ 59
さば缶と大豆缶のカレー煮 ･･･････ 80

●しらす、ちりめんじゃこ
とろろごはん ･･･････････････････ 35
ゆで大豆と塩昆布ソース ･････････ 52

●ツナ（水煮缶）
ブロッコリーとツナの卵とじ ･････ 10
ツナ、しらたき、梅干しの混ぜごはん ･････ 41
キャベツとツナのスパゲティ ･････ 50

●まぐろ
まぐろ漬け丼 ･･･････････････････ 39

●めかぶ
めかぶ納豆 ･････････････････････ 16

●めひじき
ひじきの梅風味煮 ･･･････････････ 84

●もずく
もずくと長いものみそ汁 ･････････ 10

●わかめ
わかめときゅうりの酢の物 ･･･････ 22
まぐろ漬け丼 ･･･････････････････ 39
たっぷりわかめと金目鯛の煮つけ ･････ 55
鮭、わかめ、キャベツ、じゃがいものバター蒸し ･･ 65
わかめのだしびたし ･････････････ 75

【卵・乳製品】

●卵
ブロッコリーとツナの卵とじ ･････ 10
卵とハムのココット蒸し ･････････ 14
酸辣湯（サンラータン） ･････････････ 20
トマトと卵のスープ ･････････････ 26
油揚げと水菜の鍋 ･･･････････････ 28
チャーハン ･････････････････････ 32
そぼろごはん ･･･････････････････ 38
親子丼 ･････････････････････････ 40
卵とじうどん ･･･････････････････ 47
月見なめこおろしそば ･･･････････ 48
豆腐のチャンプルー ･････････････ 60
卵とじ ･････････････････････････ 83

- ●チーズ
チーズトースト ･････････････････････ 18
- ●ヨーグルト
フルーツヨーグルト ･･････････････････ 18

【野菜・きのこ】

- ●青じそ
わかめときゅうりの酢の物 ･･････････････ 22
さばのごましそ焼き ･････････････････ 59
もやしと豚肉の梅蒸し ････････････････ 63
きゅうりと青じその塩もみ ･･･････････････ 71
- ●青ねぎ
そぼろのせうどん ･･･････････････････ 90
- ●赤ピーマン
青椒肉絲（チンジャオロースー） ･････････････ 26
- ●アスパラガス
肉豆腐 ･･････････････････････････ 22
牛丼 ･･･････････････････････････ 34
- ●いんげん
鶏南蛮そば ･･････････････････････ 49
炒り豆腐 ････････････････････････ 54
高野豆腐と根菜のそぼろ ････････････ 88
- ●えのきだけ
ほうれん草とえのきのおひたし ･･････････ 12
卵とじうどん ･･････････････････････ 47
きのこと鶏肉のごまみそ蒸し ･･･････････ 58
- ●貝割れ菜
まぐろ漬け丼 ･････････････････････ 39
- ●かぶ
ブロッコリーとかぶのホットサラダ ･･･････ 76
かぶ煮 ･････････････････････････ 87
- ●絹さや
ビビンバ ････････････････････････ 36
親子丼 ････････････････････････ 40
- ●キャベツ
焼きそば ･･･････････････････････ 46
キャベツとツナのスパゲティ ･･････････ 50
豆腐のチャンプルー ･････････････････ 60
鮭、わかめ、キャベツ、じゃがいものバター蒸し ･･ 65
キャベツと豚肉の重ね蒸し ･･･････････ 66
キャベツのあえもの ･････････････････ 91
- ●きゅうり
わかめときゅうりの酢の物 ･･････････････ 22
きゅうりと青じその塩もみ ･･･････････････ 71
- ●グリンピース（冷凍）
卵とハムのココット蒸し ･･･････････････ 14
チャーハン ･･･････････････････････ 32
- ●ごぼう
けんちん汁 ･･････････････････････ 16
高野豆腐と根菜のそぼろ ････････････ 88
- ●小松菜
小松菜のナムル ･･････････････････ 24
小松菜と梅干しの煮びたし ･････････････ 73
- ●しめじ
きのこと鶏肉のごまみそ蒸し ･･･････････ 58
- ●じゃがいも
いわしのブイヤベース ･････････････････ 61
鮭、わかめ、キャベツ、じゃがいものバター蒸し ･･ 65
- ●春菊
そぼろごはん ････････････････････ 38
煮やっこ ････････････････････････ 57
- ●セロリ
ミネストローネ ････････････････････ 18
セロリ、にんじんの塩もみ ･･････････････ 74
- ●大根
けんちん汁 ･･････････････････････ 16
わかめときゅうりの酢の物 ･･････････････ 22
大根とごまの塩もみ ････････････････ 77
- ●大根おろし
あじの干物のごま焼き ････････････････ 12
りんごとキウイのおろしあえ ････････････ 28
月見なめこおろしそば ･･････････････ 48
さばのごましそ焼き ･････････････････ 59
- ●たまねぎ
ブロッコリーとツナの卵とじ ･････････････ 10
ミネストローネ ････････････････････ 18
肉豆腐 ･････････････････････････ 22
牛丼 ･･･････････････････････････ 34
親子丼 ････････････････････････ 40
にんじんソース ････････････････････ 52
きのこと鶏肉のごまみそ蒸し ･･･････････ 58
いわしのブイヤベース ･････････････････ 61
さば缶と大豆缶のカレー煮 ･････････････ 80
- ●チンゲン菜
ミルクカレーうどん ･････････････････ 44
- ●トマト
ミネストローネ ････････････････････ 18

トマトと卵のスープ ・・・・・・・・・・・・・・・・・・ 26
にんじんソース ・・・・・・・・・・・・・・・・・・・・・・ 52
いわしのブイヤベース ・・・・・・・・・・・・・・・・ 61
●長いも
もずくと長いものみそ汁 ・・・・・・・・・・・・・・ 10
●長ねぎ
青椒肉絲（チンジャオロースー） ・・・・・・・・・・・・・・ 26
チャーハン ・・・・・・・・・・・・・・・・・・・・・・・・・・ 32
みそとろろそば ・・・・・・・・・・・・・・・・・・・・・・ 43
鶏南蛮そば ・・・・・・・・・・・・・・・・・・・・・・・・・ 49
煮やっこ ・・・・・・・・・・・・・・・・・・・・・・・・・・・・ 57
●生しいたけ
酸辣湯（サンラータン） ・・・・・・・・・・・・・・・・・・・・ 20
チャーハン ・・・・・・・・・・・・・・・・・・・・・・・・・・ 32
卵とじうどん ・・・・・・・・・・・・・・・・・・・・・・・・ 47
炒り豆腐 ・・・・・・・・・・・・・・・・・・・・・・・・・・・・ 54
●なす
なすの肉巻き蒸し ・・・・・・・・・・・・・・・・・・・・ 62
●なめこ
月見なめこおろしそば ・・・・・・・・・・・・・・・・ 48
●にら
焼きそば ・・・・・・・・・・・・・・・・・・・・・・・・・・・・ 46
とろろごはん ・・・・・・・・・・・・・・・・・・・・・・・・ 35
塩肉豆腐 ・・・・・・・・・・・・・・・・・・・・・・・・・・・・ 68
●にんじん
けんちん汁 ・・・・・・・・・・・・・・・・・・・・・・・・・・ 16
ミネストローネ ・・・・・・・・・・・・・・・・・・・・・・ 18
肉豆腐 ・・・・・・・・・・・・・・・・・・・・・・・・・・・・・・ 22
とろろごはん ・・・・・・・・・・・・・・・・・・・・・・・・ 35
ビビンバ ・・・・・・・・・・・・・・・・・・・・・・・・・・・・ 36
ミルクカレーうどん ・・・・・・・・・・・・・・・・・・ 44
にんじんソース ・・・・・・・・・・・・・・・・・・・・・・ 52
炒り豆腐 ・・・・・・・・・・・・・・・・・・・・・・・・・・・・ 54
豆腐のチャンプルー ・・・・・・・・・・・・・・・・・・ 60
キャベツと豚肉の重ね蒸し ・・・・・・・・・・・・ 66
ほうれん草、にんじんのナムル ・・・・・・・・ 70
にんじんとパセリのサラダ ・・・・・・・・・・・・ 72
セロリ、にんじんの塩もみ ・・・・・・・・・・・・ 74
さば缶と大豆缶のカレー煮 ・・・・・・・・・・・・ 80
高野豆腐と根菜のそぼろ ・・・・・・・・・・・・・・ 88
●パセリ
ミネストローネ ・・・・・・・・・・・・・・・・・・・・・・ 18
いわしのブイヤベース ・・・・・・・・・・・・・・・・ 61
にんじんとパセリのサラダ ・・・・・・・・・・・・ 72

●パプリカ
小松菜のナムル ・・・・・・・・・・・・・・・・・・・・・・ 24
ポン酢豚 ・・・・・・・・・・・・・・・・・・・・・・・・・・・・ 56
●万能ねぎ
もずくと長いものみそ汁 ・・・・・・・・・・・・・・ 10
ザーサイごはん ・・・・・・・・・・・・・・・・・・・・・・ 20
●ピーマン
青椒肉絲（チンジャオロースー） ・・・・・・・・・・・・・・ 26
にんじんソース ・・・・・・・・・・・・・・・・・・・・・・ 52
●ブロッコリー
ブロッコリーとツナの卵とじ ・・・・・・・・・・ 10
ポン酢豚 ・・・・・・・・・・・・・・・・・・・・・・・・・・・・ 56
ブロッコリーのだしびたし ・・・・・・・・・・・・ 69
ブロッコリーとかぶのホットサラダ ・・・・ 76
●ベビーリーフ
ベビーリーフとミニトマトのサラダ ・・・・ 14
●ほうれん草
ほうれん草とえのきのおひたし ・・・・・・・・ 12
みそとろろそば ・・・・・・・・・・・・・・・・・・・・・・ 43
ほうれん草、にんじんのナムル ・・・・・・・・ 70
●細ねぎ
卵とじ ・・・・・・・・・・・・・・・・・・・・・・・・・・・・・・ 83
●まいたけ
牛肉のすき煮 ・・・・・・・・・・・・・・・・・・・・・・・・ 67
●水菜
油揚げと水菜の鍋 ・・・・・・・・・・・・・・・・・・・・ 28
●三つ葉
酸辣湯（サンラータン） ・・・・・・・・・・・・・・・・・・・・ 20
かじきの沢煮 ・・・・・・・・・・・・・・・・・・・・・・・・ 64
●ミニトマト
ベビーリーフとミニトマトのサラダ ・・・・ 14
ポン酢豚 ・・・・・・・・・・・・・・・・・・・・・・・・・・・・ 56
●もやし
ビビンバ ・・・・・・・・・・・・・・・・・・・・・・・・・・・・ 36
豆腐のチャンプルー ・・・・・・・・・・・・・・・・・・ 60
もやしと豚肉の梅蒸し ・・・・・・・・・・・・・・・・ 63
野菜炒め ・・・・・・・・・・・・・・・・・・・・・・・・・・・・ 82
●大和いも
とろろごはん ・・・・・・・・・・・・・・・・・・・・・・・・ 35
みそとろろそば ・・・・・・・・・・・・・・・・・・・・・・ 43
●ゆでたけのこ
酸辣湯（サンラータン） ・・・・・・・・・・・・・・・・・・・・ 20
●れんこん
高野豆腐と根菜のそぼろ ・・・・・・・・・・・・・・ 88

- **わけぎ**

卵とじうどん······································ 47
牛肉のすき煮····································· 67

【大豆・大豆加工品】

- **油揚げ**

油揚げと水菜の鍋································ 28

- **高野豆腐**

高野豆腐と根菜のそぼろ·························· 88

- **大豆（水煮缶）**

ミネストローネ···································· 18
ゆで大豆、桜えび、刻み昆布のごはん············ 42
ゆで大豆と塩昆布ソース··························· 52
さば缶と大豆缶のカレー煮······················· 80

- **豆腐**

けんちん汁·· 16
肉豆腐·· 22
炒り豆腐·· 54
煮やっこ·· 57
豆腐のチャンプルー······························ 60
塩肉豆腐·· 68
豆腐のせ·· 86

- **納豆**

めかぶ納豆·· 16
みそとろろそば···································· 43

【乾物・お茶・農産物】

- **味つきザーサイ**

ザーサイごはん··································· 20

- **梅干し**

ツナ、しらたき、梅干しの混ぜごはん············ 41
もやしと豚肉の梅蒸し····························· 63
小松菜と梅干しの煮びたし······················· 73
ひじきの梅風味煮································· 84

- **ごま**

あじの干物のごま焼き····························· 12
めかぶ納豆·· 16
小松菜のナムル··································· 25
さばのごましそ焼き································ 59
ほうれん草、にんじんのナムル··················· 70
大根とごまの塩もみ······························· 77

- **しらたき**

ツナ、しらたき、梅干しの混ぜごはん············ 41

【穀類・加工品】

- **ごはん**

ザーサイごはん··································· 20
チャーハン·· 32
牛丼·· 34
とろろごはん······································ 35
ビビンバ·· 36
そぼろごはん····································· 38
まぐろ漬け丼····································· 39
親子丼·· 40
ツナ、しらたき、梅干しの混ぜごはん············ 41
ゆで大豆、桜えび、刻み昆布のごはん············ 42

- **食パン**

チーズトースト··································· 18

- **スパゲティ**

キャベツとツナのスパゲティ······················ 50

- **そば（生麺）**

みそとろろそば···································· 43
月見なめこおろしそば···························· 48
鶏南蛮そば······································· 49

- **中華蒸し麺**

焼きそば·· 46

- **冷凍うどん**

油揚げと水菜の鍋································ 28
ミルクカレーうどん······························· 44
卵とじうどん······································ 47
そぼろのせうどん································· 90

【果物】

- **いちご**

フルーツヨーグルト······························· 18

- **キウイフルーツ**

フルーツヨーグルト······························· 18
りんごとキウイのおろしあえ······················ 28

- **りんご**

りんごとキウイのおろしあえ······················ 28

＊調味料、飾りは含まれていません。

藤井 恵

料理研究家、管理栄養士。「家族の元気は食卓から」をモットーに、
作りやすくておいしい栄養バランスのとれた料理レシピを提案している。
テレビ、雑誌、書籍など幅広く活躍している。
『ハーブとスパイスで楽しむ 毎日のおかずとごちそう』（小社）、
『飲める献立』（新星出版社）など著書多数。

Staff
撮影　　　　福尾美雪
スタイリング　本郷由紀子
デザイン　　　周 玉慧
イラスト　　　片山智恵
編集協力　　　守屋かおる
校正　　　　西進社

シニアのための
健康ひとり分ごはん

2015年2月28日　初版第1刷発行

著者　　藤井 恵
発行者　中川信行
発行所　株式会社マイナビ
　　　　〒100-0003　東京都千代田区一ツ橋1-1-1　パレスサイドビル
　　　　TEL　048-485-2383（注文専用ダイヤル）、
　　　　　　　03-6267-4477（販売部）
　　　　　　　03-6267-4403（編集部）
　　　　URL http://book.mynavi.jp

印刷・製本　図書印刷株式会社

○定価はカバーに記載してあります。
○落丁本、乱丁本はお取り替えいたします。
　お問い合わせはTEL：048-485-2383（注文専用ダイヤル）、
　または電子メール：sas@mynavi.jpまでお願いいたします。
○内容に関するご質問は、出版事業本部編集第2部まではがき、封書にてお問い合わせください。
○本書は著作権法上の保護を受けています。本書の一部あるいは全部について、
　著者、発行者の許諾を得ずに無断で複写、複製（コピー）することは禁じられています。

ISBN 978-4-8399-5452-9
©2015 Megumi Fujii ©2015 Mynavi Corporation
Printed in Japan